改訂版 「意味順」式 で

中学英語をやり直す本

著者 佐々木啓成 / フランチェスコ・ボルスタッド

監修 田地野彰

本書は小社より2012年に刊行された
『「意味順」で中学英語をやり直す本』の
増補改訂版です。

KADOKAWA

はじめに

● 改訂版の刊行にあたって --

　初版から約10年が経ち、この間『中学校学習指導要領』も改訂されました。そこでこの度、新学習指導要領の内容に対応すべく、改訂版を刊行することになりました。初版では扱わなかった文法事項も新たに追加されています。本書を通して、中学英語の知識を深め、それを活かしながら英語でのコミュニケーションを楽しんでいただければ幸いです。

2022年12月

監修者　田地野　彰

● 社会人のための「とらえ直し」英語学習ドリル ------------------------------------

　本書は、社会人を対象とした、いわゆる「やり直し英語」の練習帳です。ただし、従来の多くの類書とは異なり、実際のコミュニケーションにおいて「使える」文法知識の定着を、主な目的としています。皆さんが中学校で学んでこられた内容を、もう一度まったく同じ方法で「やり直す」のではなく、意味の観点から「とらえ直す」ことをめざしています。

　本書では、「意味順」（だれが／する（です）／だれ・なに／どこ／いつ）という考え方を導入しています。

　英語を学ぶときに起こる「誤り」を、コミュニケーションに支障のない「意味の通じる誤り」と、コミュニケーションに支障をきたす「意味の通じない誤り」とに区別して、まずは後者の誤りに注意することが大事です。その誤りの代表格が「語順」なのです。

　英語は固定語順言語と言われ、語の並べ方で意味が変わるという言語的特徴があります。ですから、コミュニケーションを重視して学習する場合も、この特徴を活かして学ぶことが求められます。「意味のまとまり」を活用した「意味順」で学習すれば、この問題を克服することができるでしょう。

　本書の主な特長は、以下のとおりです。

・主語の脱落や語順の間違いなど、コミュニケーションに支障をきたす「意味の通じない誤り」をしないためのトレーニングを紹介します。
・文法をヨコ軸（意味順）とタテ軸（その他の文法項目）の二次元でとらえ、文法の全体像ならびに、文法項目の間の関連性を示します。
・「わかる」から「使える」へと、文法の理解から運用への橋渡しを行います。

　本書が、読者の皆さんの文法知識を深め、英語を使いこなすうえで、いささかでもお役に立つものとなれば、幸いです。

2012年7月

監修者　田地野　彰

「意味順」のすすめ

正直なところ、
英文法は
かなりあやふや

言いたいことを
すぐに英語に
できない

➡ そんなあなたにこそ「意味順」がおすすめ！

「意味順」とは何か

　英語は「語順が変わると、意味が変わる」という特徴を持った言語です。たとえば「私たちは彼をマイクと呼ぶ」を英語にすると

　We call him Mike. となりますが、これが

　We call Mike him. となると

「マイクを彼と呼ぶ」となり、意味が通じなくなってしまいます。

　日本語では「彼をマイクと呼ぶ」でも「マイクと呼ぶ、彼を」でも意味は変わりませんが、英語では語順によって意味がまったく変わってしまいます。これは英語の大きな言語的特徴です。

　日本語の場合は「この橋わたるべからず」と「この端わたるべからず」のように、漢字のミスが文意を理解するうえでの大きなミスとなりますが、英語の場合は、語順のミスが決定的なミスになるのです。

　日本語は語順にうるさい言語ではないこと、また、英語の語順は、日本語のそれと大きく異なっていることから、多くの日本人は、この語順をうまく使いこなせません。

　これが、「日本人は英語ができない」と言われる大きな理由なのです。

　実は、英語の文は「だれが」「する（です）」「だれ・なに」「どこ」「いつ」という意味のまとまりで構成されており、どんなに複雑な文でも、この意味の順序に単語を当てはめれば、簡単に英文が作れるのです。

　これを「意味順」と呼んでいます。

1 明日、図書館で写真を見せよう。

だれが	する（です）	だれ・なに	どこ	いつ
（私は） I	見せよう will show	（君に）・写真を you the photos	図書館で in the library	明日 tomorrow.

　意味順ボックスは、基本的に「左から右へ」と進みます。「だれ・なに」の中点（「・」）は、英語の <A and/or B> の意味です。つまり、AかBのいずれか一方の場合もあるし、AとBの両方の場合もあるということです。そして、両方の場合、AとBの関係性は通常、A ⊇ B（「AはBを受領・所有する」や「AはBである」）を意味します。

　なお、「いつ」は文型とは直接関係がありませんが、時制など文の要素として最も重要とされる「する（です）」に深く関わっているために含まれています。

「意味順」の何がすごいの？

メリット

1 ▶▶ 目的語や補語といった文法用語を使わずに、「話す」「書く」ができる

　一例として、日本人が苦手とする疑問詞のある疑問文と関係代名詞の文を作ってみましょう。意味順の枠に当てはめるだけですから、「目的語が何で、先行詞が何で……」といった"まわり道"をせずに英文が作れることを、ご理解いただけるかと思います。

2 先週、どこへ行ったの。

玉手箱	だれが	する（です）	だれ・なに	どこ	いつ
どこへ〜か？ Where did	あなたは you	行く go			先週 last week?

　疑問詞疑問文（Wh疑問文）の疑問詞（WhereやWhatなど）については、意味順の左端に「玉手箱」を置いて対応します。また、接続詞（thatやifなど）などもこの「玉手箱」を使って表します。

　これらの基本要素に加え、オプションとして「どのように」と「なぜ」があります。これらを使って、意味順はコミュニケーションに必要な情報単位である５Ｗ１Ｈのすべてに対応することができます。

3 私にはロンドンに住んでいる友人がいる。

だれが	する（です）	だれ・なに	どこ	いつ
私には	いる	友人が		
（その友人は）	住んでいる		ロンドンに	
I	have	a friend		
who	lives		in London.	

2 ▸▸「ツッコミ」を入れることで、「読む」「聞く」の力が伸びる

たとえば、会話の相手が次のように言ったとしましょう。

I live（私は住んでいる）….

ここまで聞くと、文の最後まで聞かずとも、次に「どこに？」（つまり、場所）が続くことは容易に予想できます。同様に、

I read（私は読んだ）なら、「なにを？」
I met（私は会った）なら、「だれに？」
I put（私は置いた）なら、「なにを？」「どこに？」

といった「ツッコミ」を入れることができますね。
こうした発想が可能になるのは、意味順の5つのボックスが用意されているからです。

このツッコミのおかげで、日本人がミスをしがちな、主語や目的語の欠落を防ぐことが可能になります。日本語では主語を省略することが多いので、たとえば「明日、図書館で写真を見せよう」といった文を英語に変換する際に、「私は」の"I"や、「あなたに」の"you"がすぐには出てこない方も少なくないと思います。このような戸惑いやミスを防げるのです。

また、相手の話を積極的に聞き取ることや、英文の意味を前から順に読み取る直読直解でも効果を発揮します。

3 ▸▸ 英文法の全体像（ロードマップ）が把握できる

フランス料理のランチやディナーのコースは、一般的に、前菜にはじまり、次にメインディッシュ、そして最後にデザートへと続きます。英文法も同じように考えることができます。英文法の場合は、「だれが」「する（です）」「だれ・なに」「どこ」「いつ」が基本のコースです。

例えば、前菜にスープかサラダを選択する場合、「だれが」にはIやYou、The boys and girls などを選びます。

メインディッシュの肉か魚にあたるのが、「する（です）」としてのshowや will show、あるいは showed、have shown などです。

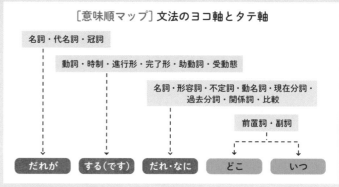

［意味順マップ］文法のヨコ軸とタテ軸

名詞・代名詞・冠詞

動詞・時制・進行形・完了形・助動詞・受動態

名詞・形容詞・不定詞・動名詞・現在分詞・過去分詞・関係詞・比較

前置詞・副詞

| だれが | する（です） | だれ・なに | どこ | いつ |

参考：『＜意味順＞英作文のすすめ』（岩波ジュニア新書）、『「意味順」英語学習法』（ディスカヴァー・トゥエンティワン）

このように意味順をコース（ヨコ軸）としてとらえると、上の表のように、ほかの文法項目をタテ軸として関連づけることができます。

「意味順」と5文型を比べると

ここまで読んで、「結局、SVOCの5文型のことなんでしょ？」と思った方もいらっしゃるかもしれません。けれども、「意味順」とSVOCは似て非なるものです。

SVOCとは「主語＋動詞＋目的語＋補語」であり、こうした文法用語に悩む学習者は少なくありません。意味順は「だれが」「する（です）」といったように、文法用語を使う必要がないので、主語が何で、目的語が何……といちいち文法用語に置き換えてから英文を作る必要もなくなるのです。

現実に、ネイティブはこうした文法用語に置き換えて英語を話しているのではなく、「意味」から直接英語に直しています。つまり、「意味順」はネイティブの感覚を養える英語のとらえ方なのです。

また、従来の5文型の場合は

第1文型　S＋V　　　　第2文型　S＋V＋C

第3文型　S＋V＋O　　　第4文型　S＋V＋O＋O　　　第5文型　S＋V＋O＋C

と、5つのパターンを覚えなければなりませんが、意味順の場合は

| だれが | する（です） | だれ・なに | どこ | いつ |

というたった1つのパターンで5文型のすべてに（また、海外でスタンダードな7文型にも）対応できますので、覚えるべきことが格段に少なくて済むのです。

意味の順番に、ボックスに語（句）を置いていく。この「意味順」で学習していただくことで、英語の文の理解が深まり、ネイティブのように英語を使いこなすための近道となるでしょう。

本書の特長と使い方

特長 1

英文の仕組みを視覚的に理解できる！

本書では中学レベルの英語を「意味順」と「文法事項」の2つの軸でとらえ、文法の全体像と各文法項目の関連性がわかるようになっています。意味順ボックスに英語を整理することで、見るだけで文法が頭に入ってきます。

特長 2

書き込みながら楽しく文法をマスターできる！

意味順の考え方を定着させるため、すべてのレッスンにショートストーリー形式で楽しく学べる書き込み式のドリルがついています。ボックスに書き込んでいくことで、英文の構造を容易にとらえ直すことができます。

特長 3

英語が「わかる」から「使える」へ変わる！

「意味順」はコミュニケーションに支障をきたすミス（英語を使ううえで「意味の通じないミス」が発生する最大の原因は「語順の間違い」）をなくすためのメソッドです。文法事項を知識として理解するだけでなく、付録の無料音声とともにコミュニケーションの力も同時に伸ばすことが可能です。

登場人物紹介

ジョン

アメリカから来た留学生。田中家にホームステイしながら、たけしと同じ大学に通う。ちょっぴりうっかりもの。

田中家の人々

ジョンのホストファミリーとなる4人家族。子どもたちに甘いお父さんと、料理とハイキングが趣味のお母さん。長男のたけしは大学生で、趣味はクルマ。長女のなおみは夢見がちな高校生。

リサ

たけしとジョンが通う大学の先生。見た目が若いので、よく学生と間違えられる。

● 文法事項の説明 --

❶ 見出し
このLessonで学ぶ
文法事項です。

❷ Point
Key Sentencesの例文を1つ取り
上げ、要点を紹介しています。

❸ Key Sentences
学ぶ文法事項を含んだ例文です。
音声を聴いて発音してみましょう。

❹ 意味順で理解しよう!
Key Sentencesの文を意味順に
分解・可視化して説明しています。

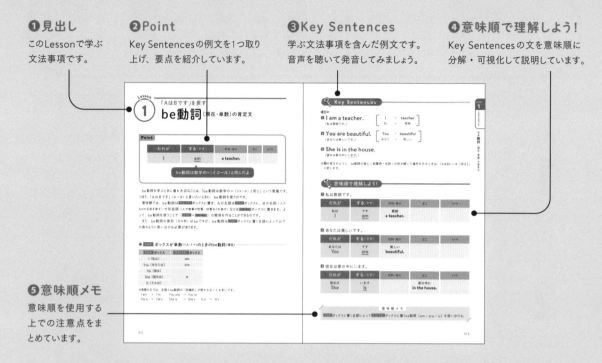

❺ 意味順メモ
意味順を使用する
上での注意点をま
とめています。

● ドリルに挑戦! --

❻ ショートストーリー
ジョンと田中家の人々を中心にしたストーリーが展開されます。日本語になっている文を、意味順
ボックスを使って英語に直してみてください。答え合わせをした後は音声を聴いて復習しましょう。

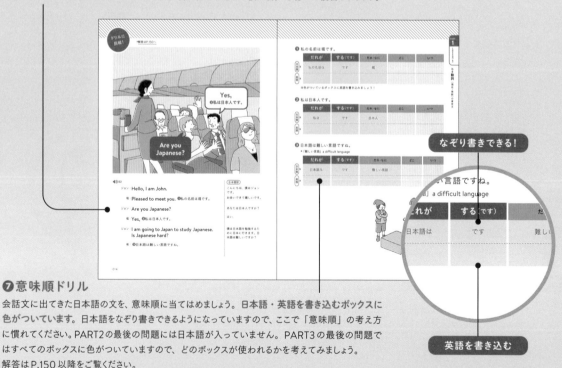

❼ 意味順ドリル
会話文に出てきた日本語の文を、意味順に当てはめましょう。日本語・英語を書き込むボックスに
色がついています。日本語をなぞり書きできるようになっていますので、ここで「意味順」の考え方
に慣れてください。PART2の最後の問題には日本語が入っていません。PART3の最後の問題で
はすべてのボックスに色がついていますので、どのボックスが使われるかを考えてみましょう。
解答はP.150以降をご覧ください。

● まとめドリル

練習問題
各PARTの最後には、まとめとして練習問題を用意しました。解答はP.154以降をご覧ください。ここで実力をチェックしてみましょう！

---

1 パソコンで音声データをダウンロードする場合

https://www.kadokawa.co.jp/product/322207000660/

ユーザー名 imijun-chugaku　パスワード imijun-yarinaoshi33

上記のURLヘアクセスいただくと、データを無料ダウンロードできます。「ダウンロードはこちら」という一文をクリックして、ユーザー名とパスワードをご入力のうえダウンロードし、ご利用ください。

注意事項
- ダウンロードはパソコンからのみとなります。携帯電話・スマートフォンからのダウンロードはできません。
- 音声はmp3形式で保存されています。お聴きいただくには、mp3で再生できる環境が必要です。
- ダウンロードページへのアクセスがうまくいかない場合は、お使いのブラウザが最新であるかどうかご確認ください。また、ダウンロードする前に、パソコンに十分な空き容量があることをご確認ください。
- フォルダは圧縮されていますので、解凍したうえでご利用ください。
- 音声はパソコンでの再生を推奨します。一部ポータブルプレイヤーにデータを転送できない場合もございます。
- 本ダウンロードデータを私的使用範囲外で複製、または第三者に譲渡・販売・再配布する行為は固く禁止されております。
- なお、本サービスは予告なく終了する場合がございます。あらかじめご了承ください。

2 スマートフォンで音声を聴く場合

▶▶ abceed アプリ（無料）　Android・iPhone 対応

ご利用の場合は、右記のQRコードまたは下記のURLより、
スマートフォンにアプリをダウンロードし、本書を検索してください。

https://www.abceed.com/

＊abceed は株式会社 Globee の商品です（2022年12月時点）。

CONTENTS

PART 1 Lesson 1〜11

PART 2 Lesson 12〜22

PART 3 Lesson 23〜33

「AはBです」を表す
be動詞（現在・単数）の肯定文

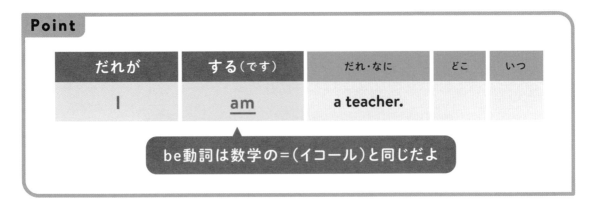

be動詞を学ぶときに最も大切なことは、「be動詞は数学の＝（イコール）と同じ」という意識です。つまり、「AはBです」（A＝B）と言いたいときに、be動詞を使うのです。

意味順では、be動詞は する（です） ボックスに置き、Aの主語は だれが ボックスに、Bの名詞（人やものの名前を表す）や形容詞（人や物事の性質・状態などを表す）などは だれ・なに ボックスに置きます。よって、be動詞を使うことで〈 だれが ＝ だれ・なに 〉の関係を作ることができるのです。

また、be動詞の原形（元の形）はbeですが、be動詞は だれが ボックスに置く主語によって以下の表のように使い分ける必要があります。

◉ だれが ボックスが単数（1人・1つ）のときのbe動詞（現在）

だれが ボックス	する（です） ボックス
I（私は）	am
You（あなたは）	are
He（彼は）	
She（彼女は）	is
It（それは）	

※実際の文では、主語とbe動詞の「短縮形」が使われることも多いです。

I am → I'm　　You are → You're
He is → He's　　She is → She's　　It is → It's

Key Sentences

🔊 01

❶ I am a teacher.
（私は教師です。）

$$\begin{bmatrix} I & = & teacher \\ 私 & = & 教師 \end{bmatrix}$$

❷ You are beautiful.
（あなたは美しいです。）

$$\begin{bmatrix} You & = & beautiful \\ あなた & = & 美しい \end{bmatrix}$$

❸ She is in the house.
（彼女は家の中にいます。）

※❸の英文のように、be動詞の後に＜前置詞＋名詞＞の形が続いて場所を示すときは、「AはBにいる［ある］」と訳します。

 意味順で理解しよう！

❶ 私は教師です。

だれが	する（です）	だれ・なに	どこ	いつ
私は I	です **am**	教師 **a teacher.**		

❷ あなたは美しいです。

だれが	する（です）	だれ・なに	どこ	いつ
あなたは **You**	です **are**	美しい **beautiful.**		

❸ 彼女は家の中にいます。

だれが	する（です）	だれ・なに	どこ	いつ
彼女は **She**	います **is**		家の中に **in the house.**	

意 味 順 メ モ

だれが ボックスに置く主語によって する（です） ボックスに置くbe動詞（am / are / is）を使い分ける。

🔊 02

ジョン： Hello, I am John.

堀： Pleased to meet you. ❶私の名前は堀です。

ジョン： Are you Japanese?

堀： Yes, ❷私は日本人です。

ジョン： I am going to Japan to study Japanese.
Is Japanese hard?

堀： ❸日本語は難しい言語ですね。

日本語訳

こんにちは、僕はジョン
です。

お会いできて嬉しいです。

あなたは日本人ですか？

はい、

僕は日本語を勉強するた
めに日本に行きます。日
本語は難しいですか？

❶ 私の名前は堀です。

	だれが	する（です）	だれ・なに	どこ	いつ
日本語 ▶	私の名前は	です	堀		
英語 ▶					

※色がついているボックスに英語を書き込みましょう！

❷ 私は日本人です。

	だれが	する（です）	だれ・なに	どこ	いつ
日本語 ▶	私は	です	日本人		
英語 ▶					

❸ 日本語は難しい言語ですね。

● 「難しい言語」a difficult language

	だれが	する（です）	だれ・なに	どこ	いつ
日本語 ▶	日本語は	です	難しい言語		
英語 ▶					

「AはBではない」「AはBですか?」を表す
be動詞（現在・単数）の否定文・疑問文

Point

玉手箱	だれが	する（です）	だれ・なに	どこ	いつ
<u>Are</u>	you	←	married?		

※矢印は移動を表す

疑問文はbe動詞を 玉手箱 に置くよ

　ここでは、be動詞（現在・単数）の否定文と疑問文について学びましょう。否定文は「〜ではない」という打ち消しの文のことで、疑問文は「〜ですか」と質問する文のことです。また、否定文でも疑問文でもない一般的な文のことを肯定文と呼びます。まずは、否定文の作り方について説明します。否定文は する（です） ボックスにあるam / are / isの後ろにnotをつけるとできあがりです。

● be動詞（現在・単数）の否定文の作り方

だれが ボックス	する（です） ボックス
I	am not
You	are not
He / She / It	is not

※実際の文では、「短縮形」が使われることも多いです。
are not　→　aren't
is not　→　isn't
amの場合は、I'm notが使われます。

● be動詞（現在・単数）の疑問文の作り方

　疑問文は する（です） ボックスにあるam / are / isを 玉手箱 に置き、文の最後に「?」をつけるとできあがりです。文頭を大文字で始めることを忘れないようにしましょう。

　玉手箱 とは、だれが ボックスの前に置く特別なボックスです。通常の意味順ボックスに入らないものはこの 玉手箱 に入れます。

玉手箱	だれが	する（です）	だれ・なに	どこ	いつ
	He	is	her classmate.		
Is	he	←	her classmate?		

※be動詞（現在）を使った疑問文に対しては、Yes, he is.やNo, he isn't.のように答えます。
（彼は彼女のクラスメイトですか？）

Key Sentences

🔊)) 03

❶ Are you married? ［疑問文］

（あなたは結婚していますか？）

❷ I am not a doctor. ［否定文］

（私は医者ではない。）

❸ Is his brother at home? ［疑問文］

（彼の弟は家にいますか？）

 意味順で理解しよう！

❶ あなたは結婚していますか？

玉手箱	だれが	する（です）	だれ・なに	どこ	いつ
～か？ **Are**	あなたは **you**	います **←**	結婚して **married?**		

※（形）married「結婚した」

❷ 私は医者ではない。

だれが	する（です）	だれ・なに	どこ	いつ
私は **I**	ではない **am <u>not</u>**	医者 **a doctor.**		

※I'm not a doctor. とも言うことができる

❸ 彼の弟は家にいますか？

玉手箱	だれが	する（です）	だれ・なに	どこ	いつ
～か？ <u>**Is**</u>	彼の弟は **his brother**	います **←**		家に **at home?**	

※atは場所の一点を表す

意味順メモ

否定文は する（です） ボックスのam / are / isの後ろにnotをつけ、疑問文はam / are / isを 玉手箱 に置き、文の最後に「?」をつける。

▶解答はP.150へ

🔊 04

ジョン： Hello, I'm a new student.
Can I ask your name?

リサ： My name is Risa. ❶あなたはジョンですか？

ジョン： Yes. Risa is a beautiful name.
Can I ask your phone number?

リサ： I am sorry, ❷私は学生ではありません。

ジョン： I am sorry. I didn't know.

リサ： ❸怒ってないですよ。

（日本語訳）

こんにちは、新入生なんだ。君の名前を教えてくれる？

私の名前はリサです。

はい。リサいい名前だね。電話番号を聞いてもいい？

悪いけど、

すみません。知らなかったんです。

❶ あなたはジョンですか？

玉手箱	だれが	する（です）	だれ・なに	どこ	いつ
日本語 ▶ <u>〜か？</u>	あなたは	です	ジョン		
英語 ▶					

※練習として、be動詞を 玉手箱 に置くとき、 する（です） ボックスに←を入れてみましょう。

❷ 私は学生ではありません。

だれが	する（です）	だれ・なに	どこ	いつ
日本語 ▶ 私は	ではありません	学生		
英語 ▶				

❸ 怒ってないですよ。

だれが	する（です）	だれ・なに	どこ	いつ
日本語 ▶ （私は）	いません	怒って		
英語 ▶				

主語が複数のとき、be動詞はいつでも "are"

be動詞 （現在・複数）の肯定文・否定文・疑問文

Point

だれが	する（です）	だれ・なに	どこ	いつ
We	<u>are</u>	good friends.		

主語が複数のときは必ず "are" を使うよ

　Lesson 1・2 では、だれが ボックスの主語が単数の場合の be 動詞について学びました。ここでは、主語が複数（2人・2つ以上）の場合の be 動詞を学びます。主語が複数のときはすべて are を使い、否定文・疑問文の作り方は単数の場合と同じです。

● だれが ボックスが複数のときのbe動詞

だれが ボックス	する（です） ボックス
We（私たちは）	
You（あなたたちは）	are
They（彼らは・彼女らは・それらは）	
John and Takeshi（ジョンとたけしは）	

※実際の文では、主語とbe動詞の「短縮形」が使われることも多いです。
　We are　→　We're　　　You are　→　You're　　　They are　→　They're

● be動詞（現在・複数）の否定文の作り方

だれが ボックス	する（です） ボックス
We（私たちは）	
You（あなたたちは）	are not
They（彼らは・彼女らは・それらは）	
John and Takeshi（ジョンとたけしは）	

※実際の文では、are notの「短縮形」であるaren'tが使われることも多いです。

Key Sentences

🔊 05

❶ **We are** good friends. ［肯定文］
（私たちは仲のよい友達です。）

We	=	good friends
私たち	=	仲のよい友達

❷ **These bags are not** heavy. ［否定文］
（これらのカバンは重くない。）

	自分に近い	自分から遠い
単数	this （この）	that （あの）
複数	these （これらの）	those （あれらの）

❸ **Are they** teachers? ［疑問文］
（彼らは教師ですか？）

 ## 意味順で理解しよう！

❶ 私たちは仲のよい友達です。

だれが	する（です）	だれ・なに	どこ	いつ
私たちは We	です **are**	仲のよい友達 **good friends.**		

※be動詞(are)を＝（イコール）と置き換え、[だれが]＝[だれ・なに]と考えると、we＝good friendsという関係が見えてきます。

❷ これらのカバンは重くない。

だれが	する（です）	だれ・なに	どこ	いつ
これらのカバンは **These bags**	ない **are not**	重く **heavy.**		

❸ 彼らは教師ですか？

玉手箱	だれが	する（です）	だれ・なに	どこ	いつ
〜か？ **Are**	彼らは **they**	です ←	教師 **teachers?**		

意味順メモ

[だれが]ボックスの主語が複数のときは、[する（です）]ボックスのbe動詞はareにする。主語が複数のときのbe動詞の否定文と疑問文の作り方は、主語が単数のときと同じ。

These are photos of my family in Italy.

❶これはお姉さんたち？

🔊 06

ジョン： These are photos of my family in Italy.

ホストマザー： ❶これはお姉さんたち？

ジョン： No, they are my aunts.

ホストマザー： Really? ❷叔母さんなの？

ジョン： Yes. They aren't as young as me, but they are young. My father is the oldest of ten children.

ホストマザー： ❸大家族なのね。

（日本語訳）

これらはイタリアに行ったときの家族の写真です。

いいえ、彼女たちは僕の叔母です。
本当に？

はい。彼女たちは僕ほど若くないけど、若いです。父は10人きょうだいの一番上です。

❶ これは（＝彼女たちは）お姉さんたち？

玉手箱	だれが	する（です）	だれ・なに	どこ	いつ
日本語 ▶ （〜か？）	彼女たちは	（です）	お姉さんたち		
英語 ▶					

❷ 叔母さんなの？

玉手箱	だれが	する（です）	だれ・なに	どこ	いつ
日本語 ▶ 〜か？	（その人たちは）	（です）	（あなたの）叔母さん		
英語 ▶					

❸ 大家族なのね（＝あなたの家族はとても大きいです）。

だれが	する（です）	だれ・なに	どこ	いつ
日本語 ▶ あなたの家族は	です	とても大きい		
英語 ▶				

一般動詞 (現在)の肯定文

主語が3人称単数のときには動詞の語尾に注意

Point

だれが	する(です)	だれ・なに	どこ	いつ
Takeshi	plays	baseball		on Sundays.

現在形は「現在の状態・習慣」を表すよ

be動詞以外の動詞を「一般動詞」と呼びます。たとえば、run（走る）、walk（歩く）、study（～を勉強する）などです。一般動詞の現在形は基本的に「現在の状態」や「現在の習慣」を表します。意味順では、 する(です) ボックスに置きますが、 だれが ボックスの主語がI（私は）・You（あなたは）以外の単数（3人称単数と呼びます）のときは、一般動詞の語尾に -(e)sをつけます。

● 3人称単数のイメージ

今ここで会話をしている
I（1人称） ⇔ **You**（2人称）

会話に参加していない（単数）
He, She, John（3人称）

会話をしている人をIとYouとすると、HeやSheなどはその会話に参加していないことになります。つまり、第3者として位置づけされています。

このような第3者的な単数の主語を3人称単数と呼び、Iを1人称、Youを2人称と呼びます。

● 主語が3人称単数のときの一般動詞(現在)の-(e)sのつけ方

一般動詞の語尾	つけ方	例
＜子音字＋y＞	yをiに変えて-es	study → studies
-ss / -ch / -sh / -oなど	-es	watch → watches
上記以外	-s	eat → eats

※haveはhasに変化します。

● 代名詞の使い方

	だれが ボックス	だれ・なに ボックス		だれが ボックス	だれ・なに ボックス
私	I	me	彼	he	him
あなた	you	you	彼女	she	her

Key Sentences

🔊 07

❶ Takeshi plays baseball on Sundays.

（たけしは毎週日曜日に野球をします。）

❷ I know him.

（私は彼を知っている。）

❸ My parents get up at 6 o'clock.

（私の両親は6時に起きます。）

 意味順で理解しよう！

❶ たけしは毎週日曜日に野球をします。

だれが	する（です）	だれ・なに	どこ	いつ
たけしは Takeshi	します <u>plays</u>	野球を baseball		毎週日曜日に on Sundays.

※Takeshiは3人称単数なので、一般動詞に-sをつける

※Sundays「毎週日曜日」
※曜日を表すon

❷ 私は彼を知っている。

だれが	する（です）	だれ・なに	どこ	いつ
私は I	知っている <u>know</u>	彼を him.		

※Iは1人称なので、一般動詞に-sをつけない

❸ 私の両親は6時に起きます。

だれが	する（です）	だれ・なに	どこ	いつ
私の両親は My parents	起きます <u>get up</u>			6時に at 6 o'clock.

※My parentsは複数なので、一般動詞に-sをつけない

※時刻を表すat

意味順メモ

だれが ボックスの主語が3人称単数のときは、する（です） ボックスの一般動詞（現在）の語尾に-(e)s
をつける。

❶僕は毎年新しい車を買うよ。

Yes, but
who pays for it?

🔊08

ジョン： Is this your new car?

たけし： Yes, it is. Do you like it?

❶僕は毎年新しい車を買うよ。

ジョン： Yes, but who pays for it?

たけし： Of course, ❷父さんが払う。

ジョン： Does he pay every year?

たけし： Yes, but every year

❸父さんはそれが最後の年だと言うよ。

日本語訳

これは君の新しい車？

うん、そうだよ。気に入った？

うん、でもだれがお金を払うんだい？

もちろん、

彼は毎年払うの？

うん、でも毎年

❶ 僕は毎年新しい車を買うよ。

だれが	する（です）	だれ・なに	どこ	いつ
日本語 ▶ 僕は	買う	、新しい車を		毎年
英語 ▶				

❷ 父さんが払う。

● 「〜（の代金）を払う」pay for 〜

だれが	する（です）	だれ・なに	どこ	いつ
日本語 ▶ （僕の）父さんが	払う	（それを）		
英語 ▶				

❸ 父さん（＝彼）はそれが最後の年だと言うよ。

● 「最後の年」the last year

玉手箱	だれが	する（です）	だれ・なに	どこ	いつ
日本語 ▶	彼は	言う			
～ということ	それが	（です）	最後の年		
英語 ▶					

※ 玉手箱 には、疑問文のDoやDoes、be動詞、Canなどや、thatやwhen、ifなどの接続詞が入ります。意味順ボックスを2段使い、「～ということ」を表すthatを2段目の 玉手箱 に入れます。詳しくはLesson 19で学びます。

"do"と"does"の使い分けに注意

一般動詞(現在)の否定文・疑問文

Point

だれが	する(です)	だれ・なに	どこ	いつ
Naomi	doesn't drink	coffee.		

動詞はいつも原形になるよ

● 一般動詞(現在)の否定文の作り方

　だれが ボックスの主語が I(1人称)・You(2人称)または複数のときには、する(です) ボックスの一般動詞の前に do not(= don't)を置き、主語が3人称単数のときには、does not(= doesn't)を置いて、一般動詞は原形(-(e)s などのつかない元の形)にします。

	だれが ボックス	する(です) ボックス
1人称	I	
2人称	You	don't walk
複数	We / You / They	
3人称単数	He / She / It / Risa	doesn't walk

● 一般動詞(現在)の疑問文の作り方

　だれが ボックスの主語が I(1人称)・You(2人称)または複数のときには、玉手箱 に Do を置き、主語が3人称単数のときには、玉手箱 に Does を置いて、文の最後に「?」をつけます。否定文のときと同様に、一般動詞は原形にします。

玉手箱	だれが ボックス	する(です) ボックス
Do	I	
	you	walk
	we / you / they	
Does	he / she / it / Risa	

※Do 〜?や Does 〜?を使った疑問文に対しては、Yes, I do. / No, I don't. や Yes, he does. / No, he doesn't. のように答えます。

Key Sentences

🔊))09

❶ **Naomi doesn't drink** coffee. ［否定文］

（なおみはコーヒーを飲みません。）

❷ **I don't watch** TV after dinner. ［否定文］

（私は夕食後にテレビを見ません。）

❸ **Does your father have** an iPad? ［疑問文］

（あなたのお父さんはiPadを持っていますか？）

 意味順で理解しよう！

❶ なおみはコーヒーを飲みません。

だれが	する（です）	だれ・なに	どこ	いつ
なおみは **Naomi**	飲みません <u>**doesn't drink**</u>	コーヒーを **coffee.**		

※3人称単数　　　　　　※動詞は原形

❷ 私は夕食後にテレビを見ません。

だれが	する（です）	だれ・なに	どこ	いつ
私は **I**	見ません <u>**don't watch**</u>	テレビを **TV**		夕食後に **after dinner.**

　　　　　　※動詞は原形　　　　　　　　　　　　　　　　※after「〜の後に」

❸ あなたのお父さんはiPadを持っていますか？

玉手箱	だれが	する（です）	だれ・なに	どこ	いつ
〜か？ <u>**Does**</u>	あなたのお父さんは **your father**	持っています **have**	iPadを **an iPad?**		

　　　　　　※3人称単数　　　　　※動詞は原形

　　　　　　　　　　　　意 味 順 メ モ

だれが ボックスの主語が I・Youまたは複数のときには、否定文でdon't、疑問文でDo 〜?を使う。
主語が3人称単数のときには、否定文でdoesn't、疑問文でDoes 〜?を使い、一般動詞は原形
にする。

🔊 10

ジョン： Do you like to drive?

なおみ： ❶運転免許証を持っていないの。

ジョン： Then, how do you get to school?

なおみ： We don't drive to school in Japan.

　　　　　❷アメリカでは学校へ運転して行くの？

ジョン： Some people do, but I don't.

なおみ： ❸駐車場はあるの？

ジョン： Yes, most schools have parking lots.

（日本語訳）

運転するのは好き？

じゃあ、どうやって学校に行くんだい？

日本では運転して学校に行ったりしないの。

そうする人もいるけど、僕はしないよ。

うん、ほとんどの学校には駐車場があるよ。

❶ 運転免許証を持っていないの。

- 「運転免許証」a driver's license

	だれが	する（です）	だれ・なに	どこ	いつ
日本語 ▶	（私は）	持っていません	運転免許証を		
英語 ▶					

❷ アメリカでは学校へ運転して行く（＝運転する）の？

	玉手箱	だれが	する（です）	だれ・なに	どこ	いつ
日本語 ▶	～か？	（あなたたちは）	運転する		学校へ アメリカでは	
英語 ▶						

❸ 駐車場はあるの（＝学校は駐車場を持っているの）？

- 「駐車場」parking lot(s)

	玉手箱	だれが	する（です）	だれ・なに	どこ	いつ
日本語 ▶	～か？	学校は	持っている	駐車場を		
英語 ▶						

※一般的なことを話すときには複数形を使います。

Lesson 6

否定文・疑問文の作り方は現在形のときと同じ

be動詞（過去）

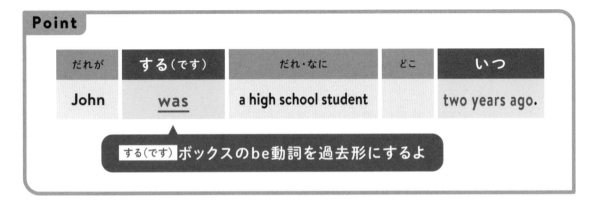

Point

だれが	する（です）	だれ・なに	どこ	いつ
John	<u>was</u>	a high school student		two years ago.

する（です） ボックスのbe動詞を過去形にするよ

be動詞を使って過去を表す文を作るときは、be動詞を過去形にします。am / isの過去形はwasで、areの過去形はwereです。否定文や疑問文の作り方は、現在形のときと同じです。

現在形	am / is	are
過去形	was	were

● be動詞（過去）の否定文の作り方 ------------------------------

	だれが ボックス	**する（です）** ボックス
1人称	I	was **not**
2人称	You	were **not**
3人称単数	He / She / It	was **not**
複数	We / You / They	were **not**

※実際の文では、wasn'tやweren'tのように短縮形が使われることも多いです。

● be動詞（過去）の疑問文の作り方 ------------------------------

現在形のときと同様に **する（です）** ボックスにあるwas / wereを **玉手箱** に置き、文の最後に「?」をつけるとできあがりです。

※was / wereを大文字で始めることを忘れないようにしましょう。

玉手箱	**だれが** ボックス	**する（です）** ボックス
Was	I	←
Were	you	←
Was	he / she / it	←
Were	we / you / they	←

※be動詞（過去）を使った疑問文に対しては、Yes, they were.やNo, they weren't.のように答えます。

Key Sentences

🔊 11

❶ John was a high school student two years ago.
（２年前、ジョンは高校生でした。）

❷ The weather was not good last week.
（先週、天気はよくなかった。）

❸ Were you sick yesterday?
（昨日、あなたは病気でしたか？）

 意味順で理解しよう！

❶ ２年前、ジョンは高校生でした。

だれが	する（です）	だれ・なに	どこ	いつ
ジョンは John	でした <u>was</u>	高校生 a high school student		２年前 two years ago.

❷ 先週、天気はよくなかった。

だれが	する（です）	だれ・なに	どこ	いつ
天気は The weather	なかった was <u>not</u>	よく good		先週 last week.

※the weather「天気」

❸ 昨日、あなたは病気でしたか？

玉手箱	だれが	する（です）	だれ・なに	どこ	いつ
～か？ <u>Were</u>	あなたは you	でした ←	病気 sick		昨日 yesterday?

※(形)sick「病気の」

意 味 順 メ モ

する（です）ボックスのam / isの過去形はwasで、areの過去形はwere。be動詞（過去）の否定文や疑問文の作り方は、現在形のときと同じ。

🔊 12

ホストマザー： How was the movie?

なおみ： ❶すばらしかったわ。

ジョン： Do you like movies, Mrs. Tanaka?

ホストマザー： ❷大学では映画部にいたの。

❸だいぶ前だけどね。

ジョン： What was your favorite movie?

（日本語訳）

映画はどうだった？

田中さんは映画が好きですか？

お気に入りの映画はなんだったんですか？

❶ すばらしかったわ。

	だれが	**する（です）**	だれ・なに	どこ	いつ
日本語 ▶	（それは）	だった	すばらしい		
英語 ▶					

❷ 大学では映画部にいたの。

	だれが	**する（です）**	だれ・なに	どこ	**いつ**
日本語 ▶	（私は）	いた		映画部に	大学では
英語 ▶					

❸ だいぶ前だけどね。

● 「だいぶ前」a long time ago

	だれが	**する（です）**	だれ・なに	どこ	**いつ**
日本語 ▶	（あれは）	だった			だいぶ前
英語 ▶					

「規則変化」と「不規則変化」を覚えよう!

一般動詞（過去）の肯定文

Point

だれが	する（です）	だれ・なに	どこ	いつ
Risa	<u>visited</u>		Hokkaido	last year.

一般動詞には規則変化と不規則変化があるよ

　一般動詞を使って過去を表す文を作るときは、一般動詞を過去形にします。一般動詞の過去形には、語尾に -(e)d をつける「規則変化」と、動詞ごとに異なる「不規則変化」があります。

● 規則変化動詞の-(e)dのつけ方

動詞の語尾	つけ方	例
eで終わる	-dをつける	live → live**d**
＜子音字＋y＞で終わる	yをiにして-edをつける	study → stud**ied**
＜短母音＋子音字＞で終わる	子音字を重ねて-edをつける	stop → stop**ped**
上記以外	-edをつける	open → open**ed**

● 不規則変化動詞の過去形の例

原形	過去形	原形	過去形
come（来る）	came	take（取る）	took
speak（話す）	spoke	write（書く）	wrote
run（走る）	ran	meet（会う）	met
begin（始める）	began	think（考える）	thought
leave（離れる）	left	buy（買う）	bought
make（作る）	made	feel（感じる）	felt
eat（食べる）	ate	find（見つける）	found
give（与える）	gave	hear（聞く）	heard
tell（言う）	told	keep（保つ）	kept

Key Sentences

◀))13

❶ Risa visited Hokkaido last year.
（去年、リサは北海道を訪れた。）

❷ I saw a beautiful star in the sky last night.
（昨夜、私は空に美しい星を見た。）

❸ My daughter swam in the swimming pool yesterday.
（昨日、私の娘はプールで泳いだ。）

※主語が3人称単数でも、過去形には-(e)sはつけません。

 意味順で理解しよう！

❶ 去年、リサは北海道を訪れた。

だれが	する（です）	だれ・なに	どこ	いつ
リサは **Risa**	訪れた <u>**visited**</u>		北海道を **Hokkaido**	去年 **last year.**

※visit（〜を訪れる）の過去形

❷ 昨夜、私は空に美しい星を見た。

だれが	する（です）	だれ・なに	どこ	いつ
私は **I**	見た <u>**saw**</u>	美しい星を **a beautiful star**	空に **in the sky**	昨夜 **last night.**

※see（〜を見る）の過去形

❸ 昨日、私の娘はプールで泳いだ。

だれが	する（です）	だれ・なに	どこ	いつ
私の娘は **My daughter**	泳いだ <u>**swam**</u>		プールで **in the swimming pool**	昨日 **yesterday.**

※swim（泳ぐ）の過去形

意 味 順 メ モ

する（です） ボックスの一般動詞の過去形には規則変化と不規則変化がある。

▶解答はP.150へ

❶去年、スペインで雄牛と走ったの。

Wow!

🔊))14

ジョン：What is the most exciting thing you have ever done?

なおみ：Actually, ❶去年、スペインで雄牛と走ったの。

ジョン：Wow! That is amazing! Were you scared?

なおみ：Yes, I slipped and I thought I would die!
But, ❷だれかが私を救ってくれたの。

ジョン：You were so lucky! Who saved you?

なおみ：I don't know.

❸彼はあまりにも早く立ち去ったから。

（日本語訳）

これまでしてきたことで、一番エキサイティングだったのってどんなこと？

実は、

わぁ！　びっくりだね！こわくなかった？

うん、滑って、死ぬかと思った！　でも、

とてもラッキーだったね！だれが君を助けたの？

わからない。

❶ 去年、スペインで雄牛と走ったの。

- 「雄牛と」 with the bulls

	だれが	**する**（です）	だれ・なに	どこ	**いつ**
日本語 ▶	（私は）	走った	雄牛と	スペインで	去年
英語 ▶					

❷ だれかが私を救ってくれたの。

- 「〜を救う」 save 〜

	だれが	**する**（です）	だれ・なに	どこ	**いつ**
日本語 ▶	だれかが	救った	私を		
英語 ▶					

❸ 彼はあまりにも早く立ち去ったから。

- 「あまりにも早く」 too soon

	だれが	**する**（です）	だれ・なに	どこ	**いつ**
日本語 ▶	彼は	立ち去った			あまりにも早く
英語 ▶					

Lesson 8

主語にかかわらず"did"を使う

一般動詞（過去）の否定文・疑問文

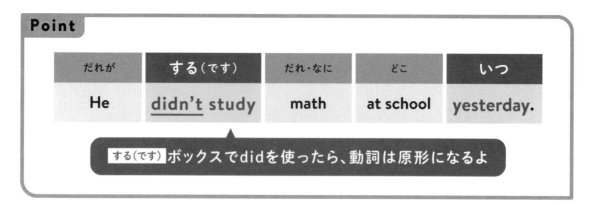

Point

だれが	する（です）	だれ・なに	どこ	いつ
He	didn't study	math	at school	yesterday.

する（です）ボックスでdidを使ったら、動詞は原形になるよ

● **一般動詞（過去）の否定文の作り方** --------------------------------

　一般動詞（過去）の否定文の作り方は、だれが ボックスの主語が何であっても、する（です） ボックスの一般動詞の前にdid not（＝didn't）を置きます。一般動詞を原形にするのを忘れないでください。

だれが ボックス	する（です） ボックス
I	
You	didn't think
We / You / They	didn't make
He / She / It	原形

● **一般動詞（過去）の疑問文の作り方** --------------------------------

　一般動詞（過去）の疑問文の作り方は、だれが ボックスの主語が何であっても、玉手箱 にDidを置き、文の最後に「?」をつけます。否定文のときと同様に、一般動詞は原形にします。

玉手箱 ボックス	だれが ボックス	する（です） ボックス
	I	
Did	you	think
	we / you / they	make
	he / she / it	原形

※Did ～?を使った疑問文に対しては、Yes, she did. やNo, she didn't.のように答えます。

Key Sentences

🔊 15

❶ He didn't study math at school yesterday.

（昨日、彼は学校で数学を勉強しなかった。）

❷ Did you meet her in the park yesterday?

（昨日、あなたは公園で彼女に会いましたか？）

❸ Did John call you this morning?

（今朝、ジョンはあなたに電話をかけましたか？）

 意味順で理解しよう！

❶ 昨日、彼は学校で数学を勉強しなかった。

だれが	する（です）	だれ・なに	どこ	いつ
彼は He	勉強しなかった <u>didn't study</u>	数学を math	学校で at school	昨日 yesterday.

※一般動詞は原形

❷ 昨日、あなたは公園で彼女に会いましたか？

玉手箱	だれが	する（です）	だれ・なに	どこ	いつ
〜か？ <u>Did</u>	あなたは you	会いました meet	彼女に her	公園で in the park	昨日 yesterday?

※一般動詞は原形

❸ 今朝、ジョンはあなたに電話をかけましたか？

玉手箱	だれが	する（です）	だれ・なに	どこ	いつ
〜か？ <u>Did</u>	ジョンは John	電話をかけました call	あなたに you		今朝 this morning?

※一般動詞は原形 ※this morningは過去を表す

- - - - - - - - - 意 味 順 メ モ - - - - - - - - -

　一般動詞（過去）の否定文は する（です） ボックスの一般動詞の前にdid not（＝didn't）を置き、一般動詞を原形にする。疑問文は 玉手箱 にDidを置き、一般動詞を原形にして文の最後に「?」をつける。

◀)) 16

リサ：❶宿題をやりましたか？

ジョン：No, I didn't. I forgot.

リサ：❷あなた、昨日もやらなかったわよね！

ジョン：I'm sorry. I was very busy last night.

リサ：❸昨日の晩、町に踊りに行ってなかった？

ジョン：How did you know that?

（日本語訳）

いいえ。忘れました。

ごめんなさい。昨夜はとても忙しかったんです。

何で知っているんですか？

❶ 宿題をやりましたか？

玉手箱	だれが	する（です）	だれ・なに	どこ	いつ
〜か？	（あなたは）	やりました	（あなたの)宿題を		

❷ あなた、昨日もやらなかったわよね！

● 「〜も」〜 either（否定文で使う場合）

だれが	する（です）	だれ・なに	どこ	いつ
あなた（は）	やらなかった	（あなたの宿題を）		昨日も

❸ 昨日の晩、町に踊りに行ってなかった？

● 「踊りに行く」go dancing

玉手箱	だれが	する（です）	だれ・なに	どこ	いつ
〜なかった（か)?	（あなたは）	行って	踊りに	町に	昨日の晩

※ 「〜なかった？」のような否定疑問文を作るときは、Didn'tを使います。

5W1Hの疑問詞を使い分けよう！

疑問詞を用いた疑問文

Point

玉手箱	だれが	する（です）	だれ・なに	どこ	いつ
When did	**he**	**live**		**in Okinawa?**	

たずねたいことによって疑問詞を使い分けよう

● 5W1Hの疑問詞の使い方

　疑問詞は、人や物、時や場所、理由や方法などをたずねるときに、ふつう文頭で使われ、その後は疑問文の語順になります。答えの文に Yes や No は使いません。

　意味順では基本的に疑問詞は 玉手箱 に置きますが、who と what が文の主語となるときは だれが ボックスに置きます。

who（だれ）	what（何）	when（いつ）	where（どこで[に]）
why（なぜ）	how（どのように）		

玉手箱	だれが	する（です）	だれ・なに	どこ	いつ
どこで〜か？ **Where did**	あなたは **you**	開いた **have**	パーティーを **a party**	（どこで？） ◀**(where)**	昨日 **yesterday?**

※have「（会など）を開く」

（昨日、あなたはどこでパーティーを開いたのですか？）

Key Sentences

🔊)) 17

❶ When did he live in Okinawa?
（いつ彼は沖縄に住んでいたのですか？）

❷ Why did you say such a thing?
（なぜあなたはそのようなことを言ったのですか？）

❸ Who bought her present?
（だれが彼女のプレゼントを買いましたか？）

 意味順で理解しよう！

❶ いつ彼は沖縄に住んでいたのですか？

玉手箱	だれが	する（です）	だれ・なに	どこ	いつ
いつ〜か？ **When did**	彼は **he**	住んでいた **live**		沖縄に **in Okinawa?**	

※広い場所を表すin

❷ なぜあなたはそのようなことを言ったのですか？

玉手箱	だれが	する（です）	だれ・なに	どこ	いつ
なぜ〜か？ **Why did**	あなたは **you**	言った **say**	そのようなことを **such a thing?**		

※such「そのような」

❸ だれが彼女のプレゼントを買いましたか？

だれが	する（です）	だれ・なに	どこ	いつ
だれが **Who**	買いましたか **bought**	彼女のプレゼントを **her present?**		

※buy（買う）の過去形

※疑問詞が主語となり、だれがボックスに置かれるときは、肯定文の語順になります。

意 味 順 メ モ

疑問詞は玉手箱に置き、通常、疑問詞の後ろは疑問文の語順になる。ただし、who「だれが」what「何が」など、疑問詞が主語になってだれがボックスに置かれるときは、疑問文の語順にはならない（肯定文の語順になる）。

❶明日は何が欲しい？

Anything is fine.

🔊18

ホストマザー：❶今日、お昼ごはんはどうだった？

ジョン：It was great! Thank you.

ホストマザー：❷明日は何が欲しい？

ジョン：Anything is fine.

ホストマザー：❸普段何を食べるの？

ジョン：I usually don't eat lunch.

日本語訳

すごくおいしかったで
す！　ありがとう。

何でもいいです。

お昼は普段食べないです。

❶ 今日、お昼ごはんはどうだった？

玉手箱	だれが	する（です）	だれ・なに	どこ	いつ
日本語 ▶ どう（～か）？	お昼ごはん	でした			今日
英語 ▶					

❷ 明日は何が欲しい？

玉手箱	だれが	する（です）	だれ・なに	どこ	いつ
日本語 ▶ 何が（～か）？	（あなたは）	欲しい			明日
英語 ▶					

❸ 普段何を食べるの？

玉手箱	だれが	する（です）	だれ・なに	どこ	いつ
日本語 ▶ 何を（～か）？	（あなたは）	普段食べる			
英語 ▶					

10

基本的に命令文は動詞の原形で始める

命令文

Point

だれが	する（です）	だれ・なに	どこ	いつ
~~You~~	Open	the window.		

主語のYouを省略し、動詞の原形で始めるよ

● 命令文の作り方

命令文は、相手（You）に向かって「〜しなさい」と命令をする文のことです。命令文では、 だれが ボックスの You を省略して、基本的に動詞の原形で文を始めます。また、命令文には「〜してください」と依頼をするものもあり、文頭か文末に please をつけます。

だれが	する（です）	だれ・なに	どこ	いつ
You	are	quiet.		
（省略）	Be	quiet.		

※am / are / isの原形はbe ※（形）quiet「静かな」

（静かにしなさい。）

● 否定の命令文の作り方

Don't や Never をつけて「〜してはいけない」という意味を表す否定の命令文もあります。

だれが	する（です）	だれ・なに	どこ	いつ
（省略）	Go		to the library.	
（省略）	Don't go		to the library.	

（図書館へ行ってはいけません。）

Key Sentences

🔊)) 19

❶ Open the window.
（窓を開けろ。）

❷ Please give me the book.
（私にその本をください。）

❸ Don't go out tonight.
（今夜、外出してはいけません。）

意味順で理解しよう！

❶ 窓を開けろ。

だれが	する（です）	だれ・なに	どこ	いつ
（あなたは） （省略）	開けろ Open	窓を the window.		

❷ 私にその本をください。

だれが	する（です）	だれ・なに	どこ	いつ
（あなたは） （省略）	与えて（ください） Please give	私に・その本を me the book.		

❸ 今夜、外出してはいけません。

だれが	する（です）	だれ・なに	どこ	いつ
（あなたは） （省略）	外出してはいけない Don't go out			今夜 tonight.

※go out「外出する」

意 味 順 メ モ

命令文では、だれが ボックスのYouを省略して動詞の原形で文を始める。また、Please「〜してください」やDon't「〜してはいけない」を使う命令文もある。

🔊 20

ジョン： What should we do?

たけし： ❶中に入って待ってて。

ジョン： Takeshi says we should wait for him inside.

なおみ： OK, ❷カウンターで券を買って。

ジョン： What are you going to do?

なおみ： I have to go to the ladies' room.

❸ついてこないでね。

（日本語訳）

どうしたらいい？

たけしは中で待っててと
言ってるよ。

わかった、

君はどうするの？

トイレよ。

❶ 中に入って待ってて。

玉手箱	だれが	する（です）	だれ・なに	どこ	いつ
日本語 ▶		入って		中に	
（そして）		待って			
英語 ▶					

❷ カウンターで券を買って（ください）。

- 「カウンター」counter

だれが	する（です）	だれ・なに	どこ	いつ
日本語 ▶	買ってください	券を	カウンターで	
英語 ▶				

❸ ついてこないでね。

- 「〜についていく」follow 〜

だれが	する（です）	だれ・なに	どこ	いつ
日本語 ▶	ついてこないで	（私に）		
英語 ▶				

How〜!とWhat〜!の使い分けに注意

感嘆文

Point

玉手箱	だれが	する（です）	だれ・なに	どこ	いつ
How noisy	you	are!	← (noisy)		

感嘆文は 玉手箱 を使おう

　感嘆文とは、形容詞や副詞の意味を強調して、「なんて…なんでしょう！」という驚き・悲しみ・喜びなどの強い感情を表すときに使う表現です。感嘆文は How を使うものと What を使うものの2種類があり、文の最後に感嘆符（!）をつけます。

　How を使った感嘆文＜ How ＋形容詞［副詞］＋主語＋動詞！＞は形容詞や副詞を強調するときに使います。＜ How ＋形容詞［副詞］＞を 玉手箱 に置き、＜主語＋動詞＞をそれぞれ だれが ボックスと する（です） ボックスに置きます。

玉手箱	だれが	する（です）	だれ・なに	どこ	いつ
なんてかわいい **How cute**	その赤ちゃんは **the baby**	でしょう！ **is!**	← (cute)		

※(形)cute「かわいい」

（その赤ちゃんはなんてかわいいのでしょう！）

　なお、What を使った感嘆文＜ What ＋ a［an］＋形容詞＋名詞＋主語＋動詞！＞は強調する形容詞に名詞がつくときに使います。

 **Key Sentences**

🔊 21

❶ How noisy you are!
（あなたはなんて騒がしいんでしょう！）

❷ What a kind girl Naomi is!
（なおみはなんて優しい女の子でしょう！）

 意味順で理解しよう！

❶ あなたはなんて騒がしいんでしょう！

玉手箱	だれが	する（です）	だれ・なに	どこ	いつ
なんて騒がしい **How noisy**	あなたは **you**	でしょう！ **are!**	←(noisy)		

※(形)noisy「騒がしい」

❷ なおみはなんて優しい女の子でしょう！

玉手箱	だれが	する（です）	だれ・なに	どこ	いつ
なんて優しい女の子 **What a kind girl**	なおみは **Naomi**	でしょう！ **is!**	←(a kind girl)		

意 味 順 メ モ

感嘆文には、＜How＋形容詞[副詞]＋主語＋動詞！＞と＜What＋a[an]＋形容詞＋名詞＋主語＋動詞！＞の2種類があり、＜How＋形容詞[副詞]＞と＜What＋a[an]＋形容詞＋名詞＞は **玉手箱** に置く。

🔊 22

なおみ： ❶なんてすばらしい映画だったんでしょう！

ジョン： It wasn't my type of movie.
What did you think, Takeshi?

たけし： ❷なんて難しい映画だったんだ！

なおみ： ❸あなたたちって、なんて教養のない男の子なの！

I don't care what you two said. I liked it.

日本語訳

僕の好みの映画じゃなかったよ。たけしはどう思った？

あなたたち2人が言うことは気にしないわ。気に入ったの。

❶ なんてすばらしい映画だったんでしょう！

- 「すばらしい」great

玉手箱	だれが	する（です）	だれ・なに	どこ	いつ
日本語 ▶ なんてすばらしい映画	（あれは）	だったのでしょう！			
英語 ▶					

❷ なんて難しい映画だったんだ！

玉手箱	だれが	する（です）	だれ・なに	どこ	いつ
日本語 ▶ なんて難しい映画	（それは）	だったのでしょう！			
英語 ▶					

❸ あなたたちって、なんて教養のない男の子なの！

- 「教養がない」uncultured

玉手箱	だれが	する（です）	だれ・なに	どこ	いつ
日本語 ▶ なんて教養のない男の子たち	あなたたちは	でしょう！			
英語 ▶					

I 日本語に合うように ☐ 内に適切な語を入れて、英文を作りましょう。

（**1**）彼は私の親友の１人です。（Lesson1）

He ☐ one of my best friends.

（**2**）トムと私は同じクラスです。（Lesson3）

Tom and I ☐ in the same class.

（**3**）あなたは２日前にその会議に出席していましたか？（Lesson6）

☐ you at the meeting two days ago?

（**4**）この食べ物はなんですか？（Lesson9）

☐ is this food?

II 日本語に合うように語（句）を並べ替えて、英文を作りましょう。
（文頭に来る語も小文字で示されています）

（**1**）彼女たちはあの部屋にいますか？（Lesson3）

[in / they / room / are / that] ?

☐ ?

（**2**）私は彼女の誕生日に花をあげなかった。（Lesson8）

I [her / flowers / not / give / did / any] on her birthday.

I ☐ on her birthday.

（**3**）このあたりを歩いてはいけません。（Lesson10）

[here / don't / around / walk] .

☐ .

（**4**）これはなんて美しい花なんでしょう。（Lesson11）

[this / a / what / flower / beautiful / is] !

☐ !

Ⅲ 日本語に合うように、英文を作りましょう。

（1）姉は６時に起きて、７時に朝食を食べます。（Lesson4）

My sister _____ at six and _____ at seven.

（2）この列車はこの駅に止まりません。（Lesson5）

This train _____ .

（3）昨日とても忙しかった。（Lesson6）

I _____ .

（4）彼はなんて速く走るんでしょう！（Lesson11）

How _____ !

Ⅳ 日本語を英語にしましょう。

（1）私の父は庭にいません。（Lesson2）

_____ .

（2）母は朝６時に朝食を作ります。（Lesson4）

_____ .

（3）彼は家の前でカギを見つけた。（Lesson7）　▶「〜の前で」in front of 〜

_____ .

（4）先週かぜをひきましたか？（Lesson8）　▶「かぜをひく」catch a cold

_____ ?

「今～しているところだ」を表す
現在進行形

Point

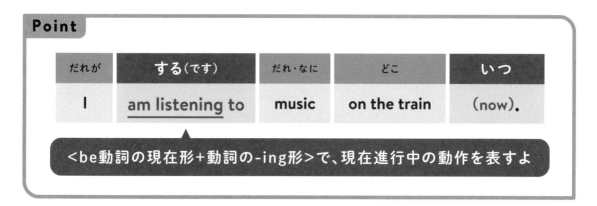

だれが	する(です)	だれ・なに	どこ	いつ
I	am listening to	music	on the train	(now).

<be動詞の現在形+動詞の-ing形>で、現在進行中の動作を表すよ

● 時間軸で考える現在進行形のイメージ

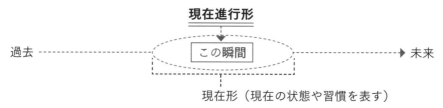

現在進行形は、< am [is / are] + -ing >で表し、「今～しているところだ」という現在進行中の動作を表します。意味順では、< am [is / are] + -ing >を する(です) ボックスに置き、nowを いつ ボックスに置きます。※nowを使わないこともあります。

● ingのつけ方

原形の語尾	つけ方	例
<子音字＋e>	eをとってing	make → making
<短母音＋子音字>	語尾を重ねてing	run → running
上記以外	<原形＋ing>	watch → watching

● 現在進行形の否定文・疑問文の作り方

否定文はbe動詞の否定文と同様に、 する(です) ボックスにあるbe動詞のあとにnotをつけます。

疑問文はbe動詞の疑問文と同様に、be動詞を 玉手箱 に置き、文の最後に「?」をつけます。

Key Sentences

🔊23

❶ I am listening to music on the train (now).

（（今）私は電車の中で音楽を聴いています。）

❷ My sister isn't taking a shower (now).

（（今）私の妹はシャワーを浴びていません。）

❸ Are you reading a book (now)?

（（今）あなたは本を読んでいるのですか？）

 意味順で理解しよう！

❶ （今）私は電車の中で音楽を聴いています。

だれが	する（です）	だれ・なに	どこ	いつ
私は I	聴いています am listening to	音楽を music	電車の中で on the train	（今） (now).

※listen to ~「～を聴く」

❷ （今）私の妹はシャワーを浴びていません。

だれが	する（です）	だれ・なに	どこ	いつ
私の妹は My sister	浴びていません isn't taking	シャワーを a shower		（今） (now).

※take a shower「シャワーを浴びる」

❸ （今）あなたは本を読んでいるのですか？

玉手箱	だれが	する（です）	だれ・なに	どこ	いつ
～か？ Are	あなたは you	読んでいる ← reading	本を a book		（今） (now)?

意味順メモ

現在進行形は、＜ am [is / are] ＋ -ing ＞を する（です） ボックスに置く。疑問文はam / are / isを
玉手箱 に置き、文の最後に「?」をつける。

🔊)) 24

なおみ：John, ❶シャワーを浴びているの？

ジョン：I'm just getting dressed.
I will be out in a minute.

なおみ：❷たけしは車で待ってるよ。

ジョン：I'll just be a minute!

なおみ：Hurry up!

❸パパとママも待ってるよ。

（日本語訳）

ジョン、

今服を着ているところだよ。もうすぐ出るよ。

ほんのちょっとだけ！

早くして！

❶ シャワーを浴びているの？

玉手箱	だれが	する（です）	だれ・なに	どこ	いつ
日本語 ▶ <u>〜か？</u>	（あなたは）	浴びている	シャワーを		
英語 ▶					

❷ たけしは車で待ってるよ。

だれが	する（です）	だれ・なに	どこ	いつ
日本語 ▶ たけしは	待っている		車（の中）で	
英語 ▶				

❸ （私の）パパとママも待ってるよ。

だれが	する（です）	だれ・なに	どこ	いつ
日本語 ▶				
英語 ▶				

※PART 2は最後の問題に日本語が入っていません。どのように日本語を入れるのか考えてみましょう。
※「も待っている」を する（です） ボックスに入れます。

「（そのとき）～していた」を表す
過去進行形

Point

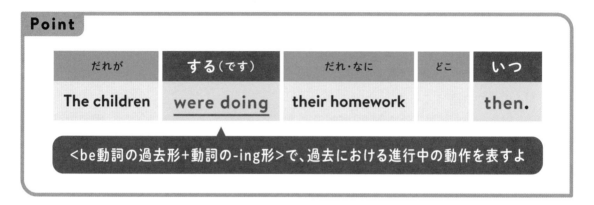

だれが	する（です）	だれ・なに	どこ	いつ
The children	were doing	their homework		then.

<be動詞の過去形+動詞の-ing形>で、過去における進行中の動作を表すよ

● 時間軸で考える過去進行形のイメージ

過去進行形

過去のある瞬間 —— 現在 ----------→ 未来

過去形

　過去進行形は、< was [were] + -ing >で表し、「（そのとき）～していた」という「過去のある時点」における進行中の動作を表します。意味順では、< was [were] + -ing >を する（です） ボックスに置き、「過去のある時点」を表す語（句）（たとえば then（そのとき））を いつ ボックスに置きます。
※「過去のある時点」を表す語（句）がないこともあります。

● 過去進行形の否定文・疑問文の作り方

　否定文も疑問文も、現在進行形の否定文・疑問文の作り方と同じです。

だれが	する（です）	だれ・なに	どこ	いつ
He	wasn't reading	a newspaper		then.

（彼はそのとき、新聞を読んでいなかった。）

玉手箱	だれが	する（です）	だれ・なに	どこ	いつ
Were	you	← watching	TV		at three o'clock?

（あなたは3時にテレビを見ていましたか？）

Key Sentences

◀))25

❶ The children were doing their homework then.
（子どもたちはそのとき宿題をしていました。）

❷ She wasn't playing tennis in the park then.
（彼女はそのとき公園でテニスをしていませんでした。）

❸ What were you doing at 8:30 last night?
（あなたは昨夜8時30分に何をしていましたか？）

 意味順で理解しよう！

❶ 子どもたちはそのとき宿題をしていました。

だれが	する（です）	だれ・なに	どこ	いつ
子どもたちは The children	していました were doing	宿題を their homework		そのとき then.

❷ 彼女はそのとき公園でテニスをしていませんでした。

だれが	する（です）	だれ・なに	どこ	いつ
彼女は She	していませんでした wasn't playing	テニスを tennis	公園で in the park	そのとき then.

❸ あなたは昨夜8時30分に何をしていましたか？

玉手箱	だれが	する（です）	だれ・なに	どこ	いつ
何を〜か？ What were	あなたは you	← doing していました			昨夜8時30分 at 8:30 last night?

意味順メモ

過去進行形は、＜was [were]＋ -ing＞を する（です）ボックスに置く。疑問文はwas [were]を 玉手箱 に置き、文の最後に「?」をつける。

🔊 **26**

ホストマザー： John, ❶何をしていたの？

ジョン： I was taking a shower.

ホストマザー： ❷私たちは長い間待っていたのよ。

ジョン： I'm sorry.
I didn't know how to use the hot water.

ホストマザー： ❸水を使っていたの？

(日本語訳)

ジョン、

シャワーを浴びていたん
です。

ごめんなさい。
お湯をどうやって使うか
わからなかったんです。

❶ 何をしていたの？

玉手箱	だれが	する（です）	だれ・なに	どこ	いつ
何を（〜か）？	（あなたは）	していた			

（日本語）▸
（英語）▸

❷ 私たちは長い間待っていたのよ。

だれが	する（です）	だれ・なに	どこ	いつ
私たちは	待っていた			長い間

（日本語）▸
（英語）▸

❸ （冷たい）水を使っていたの？

玉手箱	だれが	する（です）	だれ・なに	どこ	いつ

（日本語）▸
（英語）▸

「自然のなりゆき」と「意思」の2つのパターンがある

未来を表すwill

Point

だれが	する(です)	だれ・なに	どこ	いつ
My mother	will be	sixty-three		in September.

未来を表すときは〈will＋動詞の原形〉だよ

　willには主語の意思とは関係なく、自然のなりゆきで起こる未来（～するでしょう）と主語の意思を表す未来（～するつもりです）があり、＜will＋動詞の原形＞の形で表します。

● willの肯定文・否定文・疑問文の作り方

　肯定文は する(です) ボックスに＜will＋動詞の原形＞を置きます。

　否定文は する(です) ボックスのwillの後ろにnotを置きます。

　※will notはwon'tと表記することができます。

だれが	する(です)	だれ・なに	どこ	いつ
I	will not be	busy		tomorrow.

（明日は、忙しくありません。）　　　┈┈ I am busy.のamが原形になったもの

　疑問文は する(です) ボックスにあるwillを 玉手箱 に置き、文の最後に「?」をつけます。

玉手箱	だれが	する(です)	だれ・なに	どこ	いつ
Will	we	← arrive		at the station	on time?

※on time「時間どおりに」

（私たちは時間どおりに駅に着くだろうか？）

※willを使った疑問文に対しては、Yes, I will. やNo, I won't. のように答えます。

Key Sentences

◀))27

1 My mother **will be** sixty-three **in September.**
（私の母は9月に63歳になる。）

2 The store **will not open** next Saturday.
（その店は次の土曜日には開かない。）

3 Where **will you have** a meeting **tomorrow?**
（明日どこであなたは会議を開きますか？）

 意味順で理解しよう！

1 私の母は9月に63歳になる。

だれが	する（です）	だれ・なに	どこ	いつ
私の母は My mother	なる will be	63歳に sixty-three		9月に in September.

※be動詞の原形はbe

2 その店は次の土曜日には開かない。

だれが	する（です）	だれ・なに	どこ	いつ
その店は The store	開かない will not open			次の土曜日に next Saturday.

3 明日どこであなたは会議を開きますか？

玉手箱	だれが	する（です）	だれ・なに	どこ	いつ
どこで〜か？ Where will	あなたは you	← 開きます have	会議を a meeting		明日 tomorrow?

※have「（会議などを）開く」

意　味　順　メ　モ

未来を表すwillは、＜will＋動詞の原形＞の形で する（です） ボックスに置く。疑問文ではwillを 玉手箱 に置き、文の最後に「?」をつける。

**Why will you
be late?**

❸ジョンをカラオケに連れ
ていくんだ。

🔊 28

ホストマザー：❶今夜、映画に行くつもりなの？

ジョン：No. There is nothing we want to see.

たけし：But, ❷僕たちは遅くまで帰らないよ。

ホストマザー：Why will you be late?

たけし：❸ジョンをカラオケに連れていくんだ。

ホストマザー：What time will you get home?

（日本語訳）

いいえ。僕たちが見たい
ものは何もないから。

でも、

なぜ遅くなるの？

何時に帰ってくるの？

❶ 今夜、映画に行くつもりなの？

	玉手箱	だれが	する（です）	だれ・なに	どこ	いつ
日本語 ▶	～か？	（あなたたちは）	行く		映画に	今夜
英語 ▶						

❷ 僕たちは遅くまで帰らないよ。

- 「遅くまで」until late

	だれが	する（です）	だれ・なに	どこ	いつ
日本語 ▶	僕たちは	帰らない			遅くまで
英語 ▶					

❸ ジョンをカラオケに連れていくんだ。

- 「人を場所に連れていく」take ＋人＋to＋場所

	だれが	する（です）	だれ・なに	どこ	いつ
日本語 ▶					
英語 ▶					

willとbe going toはどう違う?

未来を表すbe going to

Point

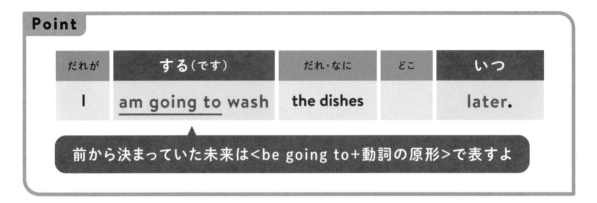

だれが	する（です）	だれ・なに	どこ	いつ
I	am going to wash	the dishes		later.

前から決まっていた未来は<be going to+動詞の原形>で表すよ

● willとbe going toの違い

will は「その場で決まった未来」を表し、be going to は「前から決まっていた未来」を表します。

<will+動詞の原形>	「その場で～する気持ちになる」
<be going to+動詞の原形>	「前から～するつもりである」

● 肯定文は する（です） ボックスに<be going to+動詞の原形>を置く

だれが	する（です）	だれ・なに	どこ	いつ
I	am going to buy	some books		tomorrow.

（明日、何冊か本を買うつもりです。）

● 否定文・疑問文はbe動詞の否定文・疑問文の作り方と同じ

だれが	する（です）	だれ・なに	どこ	いつ
I	am not going to have	breakfast		tomorrow morning.

（明日の朝は、朝食を食べません。）

玉手箱	だれが	する（です）	だれ・なに	どこ	いつ
Is	he	← going to sell	his car		next month?

※sell「～を売る」

（来月、彼は車を売るつもりですか？）

🔑 Key Sentences

))29

1 **I am going to wash** the dishes **later.**
（あとで、皿を洗うつもりです。）

2 **I am not going to tell** you my age.
（あなたに私の年齢を言うつもりはありません。）

3 What **are** you **going to wear** to the party **tonight?**
（今夜のパーティーに何を着るつもりですか？）

📝 意味順で理解しよう！

1 あとで、皿を洗うつもりです。

だれが	する（です）	だれ・なに	どこ	いつ
（私は） I	洗うつもりです am going to wash	皿を the dishes		あとで later.

2 あなたに私の年齢を言うつもりはありません。

だれが	する（です）	だれ・なに	どこ	いつ
（私は） I	言うつもりはありません am not going to tell	あなたに・私の年齢を you my age.		

3 今夜のパーティーに何を着るつもりですか？

玉手箱	だれが	する（です）	だれ・なに	どこ	いつ
何を〜か？ What are	（あなたは） you	← 着るつもりです going to wear		パーティーに to the party	今夜 tonight?

※wear「〜を着る」

意 味 順 メ モ

未来を表すbe going toは、＜be going to＋動詞の原形＞の形で する（です） ボックスに置く。疑問文ではbe動詞を 玉手箱 に置き、文の最後に「?」をつける。

🔊 30

ジョン： There are a lot of children on this train!

たけし： It's a school trip.

❶動物園に行くつもりなんだよ。

ジョン： It sounds fun!
I have a school trip next month.

たけし： But, ❷ジョンは動物園に行かないでしょ。

ジョン： That's true. We are going to go to a festival.

たけし： ❸着物を着るつもり？

日本語訳

この電車、たくさんの子どもが乗ってるんだね！

遠足だよ。

楽しそうだね！　僕も来月遠足に行くんだ。

でも、

そうだね。僕たちはお祭りに行くんだ。

❶ 動物園に行くつもりなんだよ。

	だれが	する（です）	だれ・なに	どこ	いつ
日本語 ▶	（彼らは）	行くつもり		動物園に	
英語 ▶					

❷ ジョン（＝あなた）は動物園に行かないでしょ。

	だれが	する（です）	だれ・なに	どこ	いつ
日本語 ▶	あなたは	行かない		動物園に	
英語 ▶					

❸ 着物を着るつもり？
- 「～を着る」wear ～

	玉手箱	だれが	する（です）	だれ・なに	どこ	いつ
日本語 ▶						
英語 ▶						

16

「能力・可能」と「推量・許可」を表す
canとmay

Point

だれが	する(です)	だれ・なに	どこ	いつ
You	<u>may find</u>	my pen	in your room.	

助動詞の後ろは必ず動詞の原形を置くよ

　Lesson 14で学んだwill、このレッスンで扱うcanやmay、次のLesson 17で学ぶmustとshouldは助動詞と呼ばれ、動詞に意味をつけ加える特徴を持っています。助動詞は主語が3人称単数でも形は変わらず、助動詞の後ろは必ず動詞の原形が置かれます。canは「～することができる」（能力・可能）を表し、< can ＋動詞の原形>の形で する(です) ボックスに置きます。また、canの代わりに< be able to >を使うこともできます。mayには（1）「～かもしれない」（推量）と（2）「～してもよい」（許可）の2つの用法があります。

● 助動詞の肯定文・否定文・疑問文の作り方 --------------------------------

　肯定文は する(です) ボックスに<助動詞＋動詞の原形>を置きます。
　否定文は する(です) ボックスに<助動詞＋ not ＋動詞の原形>を置きます。

だれが	する(です)	だれ・なに	どこ	いつ
I	cannot speak (can't speak) ※cannotはcan'tと表記することができる。	German.		

（私はドイツ語を話すことができません。）

　疑問文はwillを用いた疑問文の作り方と同じです（66ページ）。

玉手箱	だれが	する(です)	だれ・なに	どこ	いつ
<u>Can</u>	I	← borrow	your dictionary?		

※borrow「～を借りる」

（あなたの辞書を借りることはできますか？）
※ canを使った疑問文に対しては、Yes, you can. や No, you can't. のように答えます。

Key Sentences

◀))31

1 You may find my pen in your room.
（あなたは私のペンをあなたの部屋で見つけるかもしれない。）

2 I can't understand his English.
（彼の英語を理解することができません。）

3 Can you make him a birthday cake?
（彼にバースデーケーキを作ることができますか？）

 意味順で理解しよう！

1 あなたは私のペンをあなたの部屋で見つけるかもしれない。

だれが	する（です）	だれ・なに	どこ	いつ
あなたは You	見つけるかもしれない <u>may</u> find	私のペンを my pen	あなたの部屋で in your room.	

2 彼の英語を理解することができません。

だれが	する（です）	だれ・なに	どこ	いつ
（私は） I	理解することができません <u>can't</u> understand	彼の英語を his English.		

3 彼にバースデーケーキを作ることができますか？

玉手箱	だれが	する（です）	だれ・なに	どこ	いつ
〜か？ <u>Can</u>	（あなたは） you	作ることができます ← make	彼に・バースデーケーキを him a birthday cake?		

- - - - - - - - - -

意 味 順 メ モ

能力・可能を表すcanと推量・許可を表すmayは、＜can / may＋動詞の原形＞の形で する（です）
ボックスに置く。疑問文はcan / mayを 玉手箱 に置き、文の最後に「？」をつける。

Can you help me, Naomi?

❶私は中国語を読めないわ。

🔊 32

ジョン：This Japanese is really difficult. Can you help me, Naomi?

なおみ：It's not Japanese. It's Chinese!

❶私は中国語を読めないわ。

ジョン：Oh. I'm sorry. I didn't notice.

なおみ：❷ジョンは中国語を話せるの？

ジョン：No! I thought this was Japanese.

なおみ：❸お父さんに見せてもいい？

（日本語訳）

この日本語はほんとに難しいよ。なおみ、手伝ってくれる？

それは日本語じゃないわ。中国語よ！

ああ、ごめん。気がつかなかったよ。

いや！　僕はこれが日本語だと思ったんだ。

❶ 私は中国語を読めないわ。

	だれが	**する**（です）	だれ・なに	どこ	いつ
日本語 ▶	私は	読めない	中国語を		
英語 ▶					

❷ ジョン（＝あなた）は中国語を話せるの？

玉手箱	だれが	**する**（です）	だれ・なに	どこ	いつ
日本語 ▶	~か？	あなたは	話せる	中国語を	
英語 ▶					

❸ お父さんに見せてもいい？

- 「人にものを見せる」show＋もの＋to＋人

玉手箱	だれが	**する**（です）	だれ・なに	どこ	いつ
日本語 ▶					
英語 ▶					

17

「義務」と「助言」を表す
mustとshould

だれが	する（です）	だれ・なに	どこ	いつ
You	<u>must</u> clean	your room.		

mustとshouldの後ろは動詞の原形を置くよ

　must は「〜しなければならない」（義務）を表します。mustの代わりに＜ have[has] to ＞を使うこともできます。また、must notで「〜してはいけない」（禁止）を表します。shouldは「〜すべきである」（助言）を表します。

● 肯定文は する（です） ボックスに<must / should+動詞の原形>を置く --------------

だれが	する（です）	だれ・なに	どこ	いつ
私は I	終えなければならない <u>must</u> finish **(<u>have to</u> finish)**	（私の）宿題を my homework.		

（私は宿題を終えなければならない。）

だれが	する（です）	だれ・なに	どこ	いつ
あなたは You	飲むべきである <u>should</u> take	この薬を this medicine		夕食後 after dinner.

（あなたは夕食後この薬を飲むべきである。）

🔑 Key Sentences

🔊 33

1 You **must clean** your room.
（あなたは部屋を片づけなければならない。）

2 You **must not read** these letters.
（これらの手紙を読んではいけません。）

3 You **should change** your password now.
（あなたは今パスワードを変えるべきである。）

 意味順で理解しよう！

1 あなたは部屋を片づけなければならない。

だれが	する（です）	だれ・なに	どこ	いつ
あなたは You	片づけなければならない must clean	（あなたの）部屋を your room.		

2 これらの手紙を読んではいけません。

だれが	する（です）	だれ・なに	どこ	いつ
（あなたは） You	読んではいけません must not read	これらの手紙を these letters.		

3 あなたは今パスワードを変えるべきである。

だれが	する（です）	だれ・なに	どこ	いつ
あなたは You	変えるべきである should change	（あなたの）パスワードを your password		今 now.

意味順メモ

義務を表すmustや助言を表すshouldは＜must / should＋動詞の原形＞の形で する（です） ボックスに置く。

I have a headache, too.

❷少し薬を
のむべきよ。

🔊 34

ジョン：	I don't feel good today. May I have a drink of water?
ホストマザー：	Oh, ❶ベッドで寝るべきよ。
ジョン：	I have a headache, too.
ホストマザー：	❷少し薬をのむべきよ。
ジョン：	I don't really like medicine!
ホストマザー：	Anyway, ❸体温を計らなければいけませんね。

（日本語訳）

今日は気分がよくありません。水を一杯もらえますか？

まあ、

頭痛もします。

僕は薬がほんとに好きじゃないんです！

とにかく、

❶ ベッドで寝るべきよ。

	だれが	**する**（です）	だれ・なに	どこ	いつ
日本語 ▶	（あなたは）	ベッドで寝るべきよ			
英語 ▶					

❷ 少し薬をのむべきよ。

● 「少し薬をのむ」 take some medicine

	だれが	**する**（です）	だれ・なに	どこ	いつ
日本語 ▶	（あなたは）	のむべきよ	少し薬を		
英語 ▶					

❸ 体温を計らなければいけませんね。

● 「体温を計る」 take one's temperature

	だれが	**する**（です）	だれ・なに	どこ	いつ
日本語 ▶					
英語 ▶					

「主語が〜する」能動態、「主語が〜される」受動態
受動態

Point

だれが	する（です）	だれ・なに	どこ	いつ
This letter	was written	by Naomi.		

受動態は<be動詞＋動詞の過去分詞形>で表すよ

　これまでのレッスンでは、「主語が〜する」という意味の文ばかりでしたが、このレッスンでは、「主語が〜される」という受け身の意味を表す文を学習します。「主語が〜する」を能動態、「主語が〜される」を受動態と呼ぶので覚えておきましょう。

● 受動態の作り方

　受動態「人[もの]は行為者によって〜される」は、 する（です） ボックスに＜be動詞＋動詞の過去分詞形＞を置き、＜by＋行為者＞を だれ・なに ボックスに置きます。行為者を言う必要がないときや、はっきりしないときは＜by＋行為者＞は省略されることもあります。

　受動態で用いる過去分詞形は、Lesson 7で学んだ一般動詞の規則変化の過去形と同形のものもあれば、形が異なるものもあります。

● 不規則変化動詞の変化表

【A－A－A型】（原形・過去形・過去分詞形が同じ形）

原形	過去形	過去分詞形
cut	cut	cut
put	put	put
read	read	read

【A－B－A型】（原形・過去分詞形が同じ形）

原形	過去形	過去分詞形
become	became	become
come	came	come
run	ran	run

【A－B－B型】（過去形・過去分詞形が同じ形）

原形	過去形	過去分詞形
buy	bought	bought
find	found	found
make	made	made

【A－B－C型】（すべてが異なる形）

原形	過去形	過去分詞形
break	broke	broken
eat	ate	eaten
give	gave	given

Key Sentences

🔊35

1 This letter was written by Naomi.
（この手紙はなおみによって書かれました。）

2 He is not loved by everyone.
（彼はみんなから愛されてはいない。）

3 Is English spoken in this country?
（英語はこの国で話されていますか？）

 意味順で理解しよう！

1 この手紙はなおみによって書かれました。

だれが	する（です）	だれ・なに	どこ	いつ
この手紙は **This letter**	書かれました <u>was written</u>	なおみによって **by Naomi.**		

※write-wrote-written

2 彼はみんなから愛されてはいない。

だれが	する（です）	だれ・なに	どこ	いつ
彼は **He**	愛されてはいない <u>is not loved</u>	みんなによって **by everyone.**		

※love-loved-loved

3 英語はこの国で話されていますか？

玉手箱	だれが	する（です）	だれ・なに	どこ	いつ
〜か？ <u>Is</u>	英語は **English**	話されています ← <u>spoken</u>	（人々によって） (by people)	この国で **in this country?**	

※speak-spoke-spoken　※by peopleはその国の人々であり、わざわざ言う必要がないので省略される

意 味 順 メ モ

受動態の文は する（です） ボックスに＜be動詞＋動詞の過去分詞形＞を置き、＜by＋行為者＞を
だれ・なに ボックスに置く。

PART
2
Lesson
18
受動態

▶解答はP.151へ

ドリルに
挑戦！

🔊 36

ジョン：I like this painting.

たけし：❶これは有名な画家によって描かれたんだ。

ジョン：He is good! How about this one?

たけし：❷あれは彼によって描かれたんじゃないんだ。

ジョン：I knew it. It isn't very good.

たけし：❸それは僕が描いたんだ。

日本語訳

この絵、好きだな。

彼はいいね！　こっちは
どうだい？

わかってたよ。あまりよ
くないからね。

❶ これは有名な画家によって描かれたんだ。

	だれが	する（です）	だれ・なに	どこ	いつ
日本語 ▶	これは	描かれた	有名な画家によって		
英語 ▶					

❷ あれは彼によって描かれたんじゃないんだ。

	だれが	する（です）	だれ・なに	どこ	いつ
日本語 ▶	あれは	描かれていなかった	彼によって		
英語 ▶					

❸ それは僕が描いたんだ（＝それは僕によって描かれたんだ）。

	だれが	する（です）	だれ・なに	どこ	いつ
日本語 ▶					
英語 ▶					

「語（句）をつなぐもの」と「文をつなぐもの」の2種類がある
接続詞

Point

玉手箱	だれが	する（です）	だれ・なに	どこ	いつ
	I	can't believe			
that	he	is	a professional soccer player.		

文をつなぐ接続詞は 玉手箱 に置こう

◉ 接続詞には2つのタイプがある

接続詞はdogs and cats（犬と猫）のように「語（句）をつなぐもの」と、「文をつなぐもの」とに分けることができます。文をつなぐ接続詞を用いるときは、意味順ボックスを2段使い、接続詞を2段目の 玉手箱 に置きます。

語（句）をつなぐもの	文をつなぐもの
and「…と〜」 / or「…または〜」	and「そして」 / but「しかし」 / when「〜のとき」 / if「もし〜ならば」 / because「〜なので」 / that「〜ということ」

玉手箱	だれが	する（です）	だれ・なに	どこ	いつ
	I	think			
that	he	is	kind.		

（彼は親切だと思います。）

Key Sentences

🔊)37

1 I can't believe **that** he is a professional soccer player.

（彼がプロのサッカー選手であるとは、信じられません。）

2 I didn't like vegetables **when** I was a child.

（子どものころ、野菜が好きではなかった。）

 意味順で理解しよう！

1 彼がプロのサッカー選手であるとは、信じられません。

玉手箱	だれが	する（です）	だれ・なに	どこ	いつ
	（私は）	信じることができない			
〜ということ	彼が	である	プロのサッカー選手		
	I	can't believe			
that	he	is	a professional soccer player.		

2 子どものころ、野菜が好きではなかった。

玉手箱	だれが	する（です）	だれ・なに	どこ	いつ
	（私は）	好きではなかった	野菜を		
〜のとき	（私が）	（だった）	子ども		
	I	didn't like	vegetables		
when	I	was	a child.		

意味順メモ

文をつなぐ接続詞は、2段目の 玉手箱 に置く。

087

🔊 38

ジョン： I love sushi!
Do you like sushi?

たけし： Yes, but ❶子どものころは好きじゃなかったよ。
I thought that Americans didn't eat raw
fish.

ジョン： I do and I like *natto* too!

たけし： ❷君が納豆を食べられるなんて信じられないよ。

日本語訳

すしは大好きなんだ！
君は好き？

うん、でも
アメリカ人は生魚を食べ
ないと思っていたよ。

僕は食べるし、納豆も好
きだよ！

❶ 子どものころは好きじゃなかったよ。

玉手箱	だれが	する(です)	だれ・なに	どこ	いつ
日本語					
	（私は）	好きじゃなかった	（それを）		
～のころ	（私が）	（だった）	子ども		
英語					

❷ 君が納豆を食べられるなんて信じられないよ。

玉手箱	だれが	する(です)	だれ・なに	どこ	いつ
日本語					
英語					

※2段目の 玉手箱 に「～ということ」を入れます。

089

「人」に～ということを言う/示す

tell / show+人+that ～

Point

玉手箱	だれが	する（です）	だれ・なに	どこ	いつ
	My teacher	<u>tells</u>	us		
<u>that</u>	we	should study	English		every day.

接続詞のthatは 玉手箱 に置こう

● **tellとshowの後ろの形に注意**

tell ＋ 人 ＋ that ～	人に～ということを言う
show ＋ 人 ＋ that ～	人に～ということを見せる / 示す

　tellとshowの後ろの「人」は だれ・なに ボックスに置き、tellとshowする情報については意味順ボックスを2段使い、thatを2段目の 玉手箱 に置きます。

※tellとshowの後ろに代名詞を置くときは、以下のものを だれ・なに ボックスに置きます。

意味	代名詞	意味	代名詞
私に	me	私たちに	us
あなたに	you	あなたたちに	you
彼に・彼女に	him・her	彼らに・彼女らに	them

玉手箱	だれが	する（です）	だれ・なに	どこ	いつ
	My son	<u>told</u>	me		
<u>that</u>	he	was	sleepy.		

※(形)sleepy「眠たい」

（私の息子は私に眠たいと言いました。）

Key Sentences

🔊39

❶ My teacher **tells** us **that** we should study English every day.
（私の先生は私たちに毎日英語を勉強するべきだと言う。）

❷ My daughter **showed** me **that** she can ride a bicycle.
（私の娘は私に自転車に乗れるということを見せてくれた。）

✏️ 意味順で理解しよう！

❶ 私の先生は私たちに毎日英語を勉強するべきだと言う。

玉手箱	だれが	する（です）	だれ・なに	どこ	いつ
	私の先生は	言う	私たちに		
〜ということ	（私たちは）	勉強するべきである	英語を		毎日
	My teacher	<u>tells</u>	**us**		
<u>that</u>	**we**	**should study**	**English**		**every day.**

❷ 私の娘は私に自転車に乗れるということを見せてくれた。

玉手箱	だれが	する（です）	だれ・なに	どこ	いつ
	私の娘は	見せた	私に		
〜ということ	（彼女は）	乗ることができる	自転車に		
	My daughter	<u>showed</u>	**me**		
<u>that</u>	**she**	**can ride**	**a bicycle.**		

意 味 順 メ モ

showとtellの後ろは、 だれ・なに ボックスに「人」を置き、thatは2段目の 玉手箱 に置く。

> **ドリルに挑戦！**
>
> ▶解答はP.152へ

> **What are you doing, Naomi?**

> ❶ママに今夜は私が夕食を作るべきって言われて。

🔊 40

ジョン：**What are you doing, Naomi?**

なおみ：❶ママに今夜は私が夕飯を作るべきって言われて。

ジョン：**Let me help.**

なおみ：❷あなた私に自分は料理が下手だって言ってたじゃない。

ジョン：**Yes, I told you that, but I will do my best.**

なおみ：**Maybe,** ❸男の子だって料理ができるってママに見せられるよ。
And then she will make Takeshi cook sometimes, too.

日本語訳

何してるの、なおみ？

手伝わせてよ。

うん、確かにそう言ったね。でも全力を出すよ。

多分、

そしたらママはたけしにも時々料理をさせるよ。

❶ ママに今夜は私が夕飯を作るべきって言われて。

玉手箱	だれが	する(です)	だれ・なに	どこ	いつ
	ママが	言った	（私に）		
～ということ	私が	作るべきである	夕飯を		今夜

（日本語 / 英語）

❷ あなた私に自分は料理が下手だって言ってたじゃない。

● 「料理が下手です」be a terrible cook

玉手箱	だれが	する(です)	だれ・なに	どこ	いつ
	あなた	言った	私に		
～ということ	自分は （＝あなた）	です	料理が下手		

（日本語 / 英語）

❸ 男の子だって料理ができるってママに見せられるよ。

玉手箱	だれが	する(です)	だれ・なに	どこ	いつ

（日本語 / 英語）

2つが同じ程度であることを示す表現

as〜as...の文

Point

玉手箱	だれが	する(です)	だれ・なに	どこ	いつ
	Naomi	is	<u>as</u> kind		
<u>as</u>	Risa	(is)	(kind).		

2つ目のas（〜と比べて）は接続詞なので 玉手箱 に置こう

● 「AはBと同じくらい形容詞［副詞］だ」→<A is as + 形容詞［副詞］+ as B> --------

この表現を意味順に当てはめるときには、意味順ボックスを2段使います。2つ目のas（〜と比べて）は接続詞なので2段目の 玉手箱 に置きます。

玉手箱	だれが	する(です)	だれ・なに	どこ	いつ
	ジョンは	（です）	同じくらい若い		
〜と（比べて）	たけしは	（です）	（若い）		
	John	is	<u>as</u> young		
<u>as</u>	Takeshi	(is)	(young).		

（ジョンはたけしと同じくらい若い。→ジョンはたけしが若いのと同じくらい若い。）

John is as young as Takeshi is young. では is young を2回も使うことになります。英語では同じ表現を繰り返すことが嫌われる傾向にあるので、2回目の is young は省略されます。

すると、以下の文ができあがります。意味順を使うと文の構造がわかりやすいですね。

John is <u>as</u> young <u>as</u> Takeshi. （ジョンはたけしと同じくらい若い。）

◀)) 41

❶ Naomi is **as kind as** Risa.
（なおみはリサと同じくらい親切だ。）

❷ Today is not **as cold as** yesterday.
（今日は昨日ほど寒くない。）

 意味順で理解しよう！

❶ なおみはリサと同じくらい親切だ。

玉手箱	だれが	する（です）	だれ・なに	どこ	いつ
	なおみは	です	同じくらい親切		
～と（比べて）	リサは	（です）	（親切）		
	Naomi	**is**	<u>as</u> kind		
as	**Risa**	**(is)**	**(kind).**		

❷ 今日は昨日ほど寒くない。

玉手箱	だれが	する（です）	だれ・なに	どこ	いつ
	今日は	ない	同じくらい寒く		
～と（比べて）	昨日は	（でした）	（寒い）		
	Today	**is not**	<u>as</u> cold		
as	**yesterday**	**(was)**	**(cold).**		

※「AはBほど形容詞［副詞］でない」A is not as＋形容詞［副詞］＋as B

意 味 順 メ モ

＜A is as＋形容詞［副詞］＋as B＞「AはBと同じくらい形容詞［副詞］だ」の文では2つ目のas
を2段目の **玉手箱** に置き、意味順ボックスを2段使う。

This is my dog.

❶あなたの犬は馬と同じくらい大きいわね。

🔊 42

ジョン： Look at this photo. This is my dog.

なおみ： ❶あなたの犬は馬と同じくらい大きいわね。

ジョン： He sleeps with me on my bed.

なおみ： ❷あなたのベッドは私の部屋と同じくらい大きいに違いないわ。

ジョン： Do you want to have a dog like this?

なおみ： No. ❸私の家はあなたの家ほど広くないわ。

(日本語訳)

この写真を見てよ。僕の犬なんだ。

彼は僕のベッドで僕と一緒に眠るんだ。

こういう犬がほしいと思う？

いいえ。

❶ あなたの犬は馬と同じくらい大きいわね。

玉手箱	だれが	する(です)	だれ・なに	どこ	いつ
	あなたの犬は	です	同じくらい大きい		
〜と（比べて）	馬が	（です）	（大きい）		

※練習として、2つ目のas以降の同じ表現もカッコをつけて入れてみましょう。

❷ あなたのベッドは私の部屋と同じくらい大きいに違いないわ。

● 「〜に違いない」must（「〜しなければならない」のほかに「〜に違いない」を意味することもある）

玉手箱	だれが	する(です)	だれ・なに	どこ	いつ
	あなたのベッドは	に違いない	同じくらい大きい		
〜と（比べて）	私の部屋が	（です）	（大きい）		

❸ 私の家はあなたの家ほど広くないわ。

● 「広い」large

玉手箱	だれが	する(です)	だれ・なに	どこ	いつ

2つのものを比べて「～よりも…だ」を表現する

比較の文

Point

玉手箱	だれが	する(です)	だれ・なに	どこ	いつ
	He	is	<u>younger</u>		
<u>than</u>	your brother.				

than（～よりも）は接続詞なので 玉手箱 に置こう

● 比較級の作り方

　比較級は、2人や2つのものを比較して「どちらがより～だ」と言いたいときに使います。比較級の作り方は2種類あり、短めの形容詞［副詞］に -er をつけるものと、長めの形容詞［副詞］に more をつけるものがあります。比較の文を作るときには、意味順ボックスを2段使い、接続詞の than（～よりも）を2段目の 玉手箱 に置きます。比較級は だれ・なに ボックスに置くことが多く、2段目の だれが ボックスに比較する対象を置きます。

形容詞［副詞］の語尾	作り方	例
多くの語	-er	tall<u>er</u>
-eで終わる	-r	large<u>r</u>
＜短母音＋子音字＞	子音字を重ねて-er	big<u>ger</u>
＜子音字＋y＞	yをiに変えて-er	busi<u>er</u>

玉手箱	だれが	する(です)	だれ・なに	どこ	いつ
	彼女は	（です）	（より）背が高い		
～よりも	（彼女）のお姉さん				
	She	is	<u>taller</u>		
than	her sister.				

※比較する対象

（彼女はお姉さんよりも背が高い。）

Key Sentences

🔊43

❶ He is **younger than** your brother.
（彼はあなたの弟よりも若い。）

❷ English is **more difficult than** Chinese.
（英語は中国語よりも難しい。）

PART 2 Lesson 22 比較の文

 意味順で理解しよう！

❶ 彼はあなたの弟よりも若い。

玉手箱	だれが	する（です）	だれ・なに	どこ	いつ
	彼は	（です）	（より）若い		
～よりも	あなたの弟				
	He	**is**	<u>younger</u>		
<u>than</u>	**your brother.**				
	※比較する対象		※young（若い）の比較級		

❷ 英語は中国語よりも難しい。

玉手箱	だれが	する（です）	だれ・なに	どこ	いつ
	英語は	（です）	（より）難しい		
～よりも	中国語				
	English	**is**	<u>more difficult</u>		
<u>than</u>	**Chinese.**				
	※比較する対象		※difficult（難しい）の比較級		

意味順メモ

比較の文は、意味順ボックスを2段使う。形容詞［副詞］の比較級は だれ・なに ボックスに置くことが多く、thanは2段目の 玉手箱 に置く。

▶解答はP.152へ

🔊44

ジョン：It's very hot today.

たけし：❶昨日よりもだいぶ暑いね。

　　　　❷君のふるさとはここよりも涼しいかい?

ジョン：Yes, it's very cold even in summer.

たけし：❸日本のほうがいいかもしれないな。

　　　　I don't like the cold either.

日本語訳

今日はすごく暑いね。

うん、夏でもすごく寒いよ。

寒いのも好きではないな。

❶ 昨日よりもだいぶ暑いね。

- 「だいぶ」much（比較級を強調するときはmuchを使う）

	玉手箱	だれが	する（です）	だれ・なに	どこ	いつ
日本語 ▶		（今日は）	です	だいぶ暑い		
	～よりも					昨日
英語 ▶						

❷ 君のふるさとはここよりも涼しいかい？

	玉手箱	だれが	する（です）	だれ・なに	どこ	いつ
日本語 ▶	～か？	君のふるさとは	です	（より）涼しい		
	～よりも				ここ	
英語 ▶						

❸ 日本のほうがいいかもしれないな。

- 「（より）いい」better（goodの比較級）

	だれが	する（です）	だれ・なに	どこ	いつ
日本語 ▶					
英語 ▶					

※比較する対象は明らかなので省略します。

Ⅰ 日本語に合うように　　　内に適切な語を入れて、英文を作りましょう。

（**1**）何について彼らは話していたのですか？（Lesson13）

What were they ＿＿＿＿＿＿ about?

（**2**）私の弟は明日６時に起きないでしょう。（Lesson14）

My brother ＿＿＿＿＿＿ get up at six tomorrow.

（**3**）あなたは毎日運動すべきだ。（Lesson17）

You ＿＿＿＿＿ do exercise every day.

（**4**）あなたは私の兄よりも年上ですか？（Lesson22）

Are you ＿＿＿＿＿＿ than my brother?

Ⅱ 日本語に合うように語（句）を並べ替えて、英文を作りましょう。
（文頭に来る語も小文字で示されています）

（**1**）彼女は今、自分の部屋で勉強していません。（Lesson12）

[not / her room / in / is / studying / she] now.

＿＿＿＿＿＿＿＿＿＿＿＿ now.

（**2**）私はその映画を見るつもりだ。（Lesson15）

[am / watch / the movie / going / I / to] .

＿＿＿＿＿＿＿＿＿＿＿＿ .

（**3**）どこでこの腕時計は作られましたか？（Lesson18）

[this / made / where / watch / was] ?

＿＿＿＿＿＿＿＿＿＿＿＿ ?

（**4**）母は学生のころ、バレーボールをしていた。（Lesson19）

My mother [she / played / a student / when / volleyball / was] .

My mother ＿＿＿＿＿＿＿＿＿ .

III 日本語に合うように、英文を作りましょう。

（1）多くの生徒たちが図書館で本を読んでいます。（Lesson12）

Many students _____ .

（2）このケーキを食べてもよろしい。（Lesson16）

You _____ .

（3）今夜、宿題を終わらせなければなりません。（Lesson17）

I _____ tonight.

（4）この国は日本ほど小さくない。（Lesson21）

This country _____ .

IV 日本語を英語にしましょう。

（1）私は彼に電話番号を教えないつもりです。（Lesson15）

_____ .

（2）カナダでは英語とフランス語が話されていますか？（Lesson18）

_____ ?

（3）彼らは私が入院していることを知らなかった。（Lesson19）

_____ .

（4）友達が私にそのドラマを見るべきだと言った。（Lesson20）

▶「そのドラマ」the drama

_____ .

㉓

3つ以上の中で「最も〜だ」を表現する
最上級の文

Point

だれが	する（です）	だれ・なに	どこ	いつ
That	is	<u>the</u> <u>oldest</u> building	in our city.	

形容詞［副詞］の最上級は だれ・なに ボックスに置くことが多いよ

● **最上級の作り方**

　最上級は、3人・3つ以上の人・ものの中で「最も〜だ」と言いたいときに使います。

　比較級と同様に最上級にも作り方は2種類あり、短めの形容詞［副詞］に-estをつけるものと、長めの形容詞［副詞］にmostをつけるものがあります。また、形容詞［副詞］の最上級の前にはtheをつけます。

形容詞［副詞］の語尾	作り方	例
多くの語	-est	tall<u>est</u>
-eで終わる	-st	large<u>st</u>
＜短母音＋子音字＞	子音字を重ねて-est	big<u>gest</u>
＜子音字＋y＞	yをiに変えて-est	bus<u>iest</u>

だれが	する（です）	だれ・なに	どこ	いつ
富士山は Mt. Fuji	である is	最も高い山 <u>the highest mountain</u>	日本で in Japan.	

※high（高い）の最上級

（富士山は日本で最も高い山である。）

だれが	する（です）	だれ・なに	どこ	いつ
彼女は She	です is	最も有名な歌手 <u>the most famous singer</u>	日本で in Japan.	

※famous（有名な）の最上級

（彼女は日本で最も有名な歌手です。）

🔊 45

❶ That is the oldest building in our city.
（あれは私たちの町の中で最も古い建物です。）

❷ He is the tallest in our school.
（彼は私たちの学校の中で最も背が高いです。）

❸ Baseball is the most popular sport in Japan.
（野球は日本で最も人気のあるスポーツです。）

 意味順で理解しよう！

❶ あれは私たちの町の中で最も古い建物です。

だれが	する（です）	だれ・なに	どこ	いつ
あれは **That**	です **is**	最も古い建物 <u>the oldest</u> building	私たちの町の中で **in our city.**	

※old（古い）の最上級

❷ 彼は私たちの学校の中で最も背が高いです。

だれが	する（です）	だれ・なに	どこ	いつ
彼は **He**	です **is**	最も背が高い <u>**the tallest**</u>	私たちの学校の中で **in our school.**	

※tall（背が高い）の最上級

❸ 野球は日本で最も人気のあるスポーツです。

だれが	する（です）	だれ・なに	どこ	いつ
野球は **Baseball**	です **is**	最も人気のあるスポーツ <u>the most popular sport</u>	日本で **in Japan.**	

※popular（人気のある）の最上級

意味順メモ

形容詞［副詞］の最上級は だれ・なに ボックスに置くことが多い。また、最上級の前にはtheをつけるのを忘れない。

◀)) 46

ジョン：How were your tests today?

たけし：❶数学が一番かんたんだったよ。

ジョン：How about the English test?

たけし：❷英語は一番難しかったよ。

　　　　But, ❸英語は一番興味深い教科だよ。

ジョン：I'm glad you think so.

日本語訳

今日のテストはどうだった？

英語はどうだった？

でも、

そう思ってくれて嬉しいよ。

❶ 数学が一番かんたんだったよ。

- 「数学」math

	だれが	する（です）	だれ・なに	どこ	いつ
日本語 ▶	数学が	だった	一番かんたん		
英語 ▶					

❷ 英語は一番難しかったよ。

	だれが	する（です）	だれ・なに	どこ	いつ
日本語 ▶	英語は	かった	一番難しい		
英語 ▶					

❸ 英語は一番興味深い教科だよ。

- 「教科」subject

	だれが	する（です）	だれ・なに	どこ	いつ
日本語 ▶					
英語 ▶					

※PART 3の最後の問題ではすべてのボックスに色がついています。どのボックスが使われるかを考えてみましょう。

「〜すること」と「〜するための」を表す

不定詞（1） 名詞的用法と形容詞的用法

Point

だれが	する（です）	だれ・なに	どこ	いつ
I	want	<u>to travel</u>	around the world.	

＜to＋動詞の原形＞で動詞を名詞や形容詞のように使うことができるよ

◉ 動詞を名詞的に使う―名詞的用法

＜to＋動詞の原形＞が名詞の働きをして、「〜すること」の意味を表します。

意味順では、この用法の＜to＋動詞の原形＞は だれが ボックスや だれ・なに ボックスに置きます。

だれが	する（です）	だれ・なに	どこ	いつ
数学を勉強することは **To study math**	（です） **is**	難しい **difficult.**		

（数学を勉強することは難しい。）

◉ 動詞を形容詞的に使う―形容詞的用法

＜to＋動詞の原形＞が形容詞の働きをして、名詞を後ろから修飾します。「〜するための（名詞）」「〜すべき（名詞）」の意味を表します。意味順では、＜名詞＋to＋動詞の原形＞の形で だれ・なに ボックスに置くことが多いです。

だれが	する（です）	だれ・なに	どこ	いつ
（私は） **I**	持っています **have**	やるべきたくさんの宿題を **a lot of homework to do**		今日 **today.**

（今日はやるべき宿題がたくさんあります。）

Key Sentences

🔊 47

1 I want **to travel** around the world.
（世界一周旅行をしたい。）

2 He began **to clean** his room.
（彼は自分の部屋を掃除し始めました。）

3 I don't have **time to talk** with you now.
（今、あなたと話している時間はない。）

 ### 意味順で理解しよう！

1 世界一周旅行をしたい。

だれが	する（です）	だれ・なに	どこ	いつ
（私は） I	したい want	旅行することを <u>to travel</u>	世界一周 around the world.	

※around「〜を回って」

2 彼は自分の部屋を掃除し始めました。

だれが	する（です）	だれ・なに	どこ	いつ
彼は He	始めました began	掃除することを <u>to clean</u>	自分（＝彼）の部屋 his room.	

※begin（始める）の過去形

3 今、あなたと話している時間はない。

だれが	する（です）	だれ・なに	どこ	いつ
（私は） I	持っていない don't have	あなたと話すための時間を <u>time to talk</u> with you		今 now.

意味順メモ

名詞的用法の＜to＋動詞の原形＞は だれが ボックスや だれ・なに ボックスに置き、形容詞的用法では＜名詞＋to＋動詞の原形＞の形で だれ・なに ボックスに置く。

PART 3 Lesson 24 不定詞（1）名詞的用法と形容詞的用法

That's not a very good
reason to get married.

❸あなたと話したく
ないわ。

🔊48

<table>
<tr><td>ジョン：</td><td>Wow!
Naomi, you are always studying English!</td></tr>
<tr><td>なおみ：</td><td>❶私の夢は外国人と結婚することよ。</td></tr>
<tr><td>ジョン：</td><td>Really? Why do you want to?</td></tr>
<tr><td>なおみ：</td><td>❷私は将来、外国に住みたいの。</td></tr>
<tr><td>ジョン：</td><td>That's not a very good reason to get married.</td></tr>
<tr><td>なおみ：</td><td>❸あなたと話したくないわ。</td></tr>
</table>

（日本語訳）

わあ！ なおみ、君はい
つも英語を勉強している
ね！

本当？ どうしてしたい
の？

それは結婚するのにいい
理由ではないね。

❶ 私の夢は外国人と結婚することよ。

● 「人と結婚する」marry ＋人

	だれが	する（です）	だれ・なに	どこ	いつ
日本語 ▶	私の夢は	（です）	外国人と結婚すること		
英語 ▶					

❷ 私は将来、外国に住みたいの。

● 「外国に」abroad

	だれが	する（です）	だれ・なに	どこ	いつ
日本語 ▶	私は	したい	住むこと	外国に	将来
英語 ▶					

❸ あなたと話したくないわ。

	だれが	する（です）	だれ・なに	どこ	いつ
日本語 ▶					
英語 ▶					

(25) 不定詞（2）副詞的用法

動詞・形容詞・文全体を修飾する

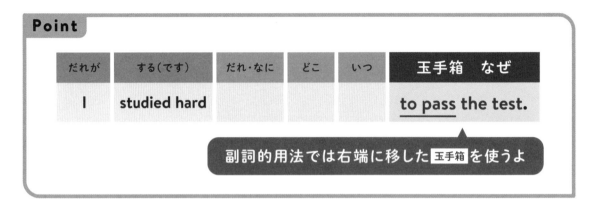

Point

だれが	する（です）	だれ・なに	どこ	いつ	玉手箱　なぜ
I	studied hard				**to pass** the test.

副詞的用法では右端に移した 玉手箱 を使うよ

● 動詞で文全体などを修飾する―副詞的用法

　＜ to ＋動詞の原形＞が副詞的な働きをして、「〜するために」「〜して」などの意味を表します。

この用法を意味順に当てはめる場合は、右端に移した 玉手箱 を使います。

※副詞的な働きとは、動詞や形容詞、文全体を修飾する働きのことであり、形容詞的な働きとは、名詞を
　修飾する働きのことです。

だれが	する（です）	だれ・なに	どこ	いつ	玉手箱　なぜ
私は I	行った went		ニューヨークへ to New York		英語を勉強するために **to study English.**

（私は英語を勉強するためにニューヨークへ行った。）

※to study Englishがwent（動詞）を修飾し、
副詞的な働きをしている

だれが	する（です）	だれ・なに	どこ	いつ	玉手箱　なぜ
（私は） I	です am	悲しい sad			それを聞いて **to hear that.**

（それを聞いて悲しいです。）

※to hear thatがsad（形容詞）を修飾し、
副詞的な働きをしている

Key Sentences

🔊)49

❶ I studied hard to pass the test.
（そのテストに合格するように、一生懸命に勉強した。）

❷ I am happy to see you.
（あなたに会えてうれしいです。）

❸ You should get up early to catch the first train.
（あなたは始発電車に乗るために早く起きるべきだ。）

 意味順で理解しよう！

❶ そのテストに合格するように、一生懸命に勉強した。

だれが	する（です）	だれ・なに	どこ	いつ	玉手箱　なぜ
（私は） I	一生懸命に勉強した studied hard				そのテストに合格するために to pass the test.

❷ あなたに会えてうれしいです。

だれが	する（です）	だれ・なに	どこ	いつ	玉手箱　なぜ
（私は） I	です am	うれしい happy			あなたに会えて to see you.

❸ あなたは始発電車に乗るために早く起きるべきだ。

だれが	する（です）	だれ・なに	どこ	いつ	玉手箱　なぜ
あなたは You	起きるべきだ should get up			早く early	始発電車に乗るために to catch the first train.

※catch「（列車など）に乗る」

- - - - - - - - - - - - - - 意 味 順 メ モ - - - - - - - - - - - - - -

副詞的用法の＜to＋動詞の原形＞には右端に移した 玉手箱 を使う。

❷日本語を勉強しているのは
彼女をつくるためなの？

No, I learn Japanese
to be a *ninja*.

🔊 50

ジョン： Takeshi, do you know why Naomi studies English?

たけし： ❶結婚するために英語を勉強しているんだ。

ジョン： You knew!

たけし： Of course. What about you?

❷日本語を勉強しているのは彼女をつくるためなの？

ジョン： No, I learn Japanese to be a *ninja*.

たけし： ❸僕を笑わすためにそう言っているんだろう。

日本語訳

たけし、なおみがどうして英語を勉強しているか知ってる？

知っていたんだ！

もちろん。ジョンはどうなの？

違うよ、忍者になるために日本語を学んでいるんだ。

❶ 結婚するために英語を勉強しているんだ。

- 「結婚する」get married

	だれが	する（です）	だれ・なに	どこ	いつ	玉手箱　なぜ
日本語 ▶	（彼女は）	勉強する	英語を			結婚するために
英語 ▶						

❷ 日本語を勉強しているのは彼女をつくるためなの？

	玉手箱	だれが	する（です）	だれ・なに	どこ	いつ	玉手箱　なぜ
日本語 ▶	～か？	（あなたは）	勉強する	日本語を			彼女をつくるために
英語 ▶							

❸ 僕を笑わすためにそう言っているんだろう。

- 「人を[に]～させる」make ＋人＋動詞の原形　「笑う」laugh

	だれが	する（です）	だれ・なに	どこ	いつ	玉手箱　なぜ
日本語 ▶						
英語 ▶						

※ 「そう」は「それを」と考えて、だれ・なに ボックスに入れます。

人に何かをしてほしいときに使う
不定詞（3）〈ask＋人＋to＋原形〉

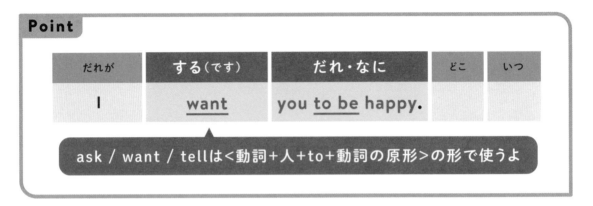

Point

だれが	する（です）	だれ・なに	どこ	いつ
I	<u>want</u>	you <u>to be</u> happy.		

ask / want / tellは＜動詞＋人＋to＋動詞の原形＞の形で使うよ

　ask / want / tell は＜動詞＋人＋to＋動詞の原形＞の形で使い、「人」と＜to＋動詞の原形＞は意味的に「〜が…する」という主語と動詞の関係を持ちます。意味順では、「人」と＜to＋動詞の原形＞を だれ・なに ボックスに置きます。

する（です）ボックス	だれ・なに ボックス		意味
	だれ	なに	
ask			人に〜するように頼む
want	人	〈to＋動詞の原形〉	人に〜してほしい
tell			人に〜するように言う

だれが	する（です）	だれ・なに	どこ	いつ
私は I	頼みました <u>asked</u>	彼に・私を手伝う him <u>to help</u> me.		

※himとto help meには「〜が…する」という関係があるので、「彼が私を助ける」と考えることができます。
（私は彼に私を手伝ってくれるように頼みました。）

Key Sentences

🔊51

❶ I want you to be happy.
（あなたに幸せになってほしい。）

❷ The teacher tells me to study English every day.
（その先生は毎日、私に英語を勉強しなさいと言う。）

❸ She asked me to stand up.
（彼女は私に立ち上がるように頼んだ。）

 意味順で理解しよう！

❶ あなたに幸せになってほしい。

だれが	する（です）	だれ・なに	どこ	いつ
（私は） I	ほしい want	あなたに・幸せになって you to be happy.		

❷ その先生は毎日、私に英語を勉強しなさいと言う。

だれが	する（です）	だれ・なに	どこ	いつ
その先生は The teacher	言う tells	私に・英語を勉強しなさい me to study English		毎日 every day.

❸ 彼女は私に立ち上がるように頼んだ。

だれが	する（です）	だれ・なに	どこ	いつ
彼女は She	頼んだ asked	私に・立ち上がるように me to stand up.		

意味順メモ

＜ask／want／tell＋人＋to＋動詞の原形＞では、「人」と＜to＋動詞の原形＞を だれ・なに ボックスに置く。

PART
3

Lesson
26

不定詞（3）〈ask＋人＋to＋原形〉

🔊 52

ジョン：**What are you doing, Takeshi?**

たけし：**❶**父さんが車を洗ってと僕に頼んだんだよ。

ジョン：**❷**僕に手伝ってほしい？

たけし：**Thank you. Let's start.**
Oh!　Please be careful!

❸父さんがやわらかいスポンジを使うように言ったんだ。

ジョン：**What's wrong with this brush?**

日本語訳

なにしてるんだい、たけし？

ありがとう。始めようか。
あっ！　気をつけて！

このブラシの何が悪いんだい？

❶ 父さんが車を洗ってと僕に頼んだんだよ。

	だれが	する（です）	だれ・なに	どこ	いつ
日本語 ▶	（僕の）父さんが	頼んだ	僕に・（彼の）車を洗ってと		
英語 ▶					

❷ 僕に手伝ってほしい？

	玉手箱	だれが	する（です）	だれ・なに	どこ	いつ
日本語 ▶	～か？	（あなたは）	ほしい	僕に・手伝う		
英語 ▶						

❸ 父さんが（＝彼は）やわらかいスポンジを使うように言ったんだ。
- 「スポンジ」sponge

	だれが	する（です）	だれ・なに	どこ	いつ
日本語 ▶					
英語 ▶					

動詞を-ing形にして名詞の働きをさせる

動名詞

Point

だれが	する（です）	だれ・なに	どこ	いつ
John	enjoyed	singing karaoke		yesterday.

動詞を-ingの形にすることで名詞の働きになるよ

● 動名詞の意味

　動詞を -ing 形にすることで、名詞の働きになります。名詞の働きをする動詞の -ing 形のことを動名詞と呼び、「〜すること」と訳します。意味順では、動名詞は だれが ボックスや だれ・なに ボックスに置きます。

動詞の原形	動名詞
believe（信じる）	believing（信じること）
swim（泳ぐ）	swimming（泳ぐこと）
write（書く）	writing（書くこと）

だれが	する(です)	だれ・なに	どこ	いつ
私の趣味は **My hobby**	です **is**	野球をすること **playing baseball.**		

（私の趣味は野球をすることです。）

だれが	する(です)	だれ・なに	どこ	いつ
映画を見ることは **Watching movies**	(です) **is**	おもしろいこと **fun.**		

※（名）fun「おもしろいこと」

（映画を見るのは楽しい。）

※不定詞は名詞・形容詞・副詞としての働きをしますが、動名詞は名詞としての働きしかありません。

Key Sentences

🔊 53

❶ John enjoyed **singing karaoke** yesterday.
（昨日、ジョンはカラオケを歌うのを楽しんだ。）

❷ My father doesn't like **playing computer games.**
（私の父はコンピューターゲームをするのが好きではない。）

❸ **Seeing** is **believing.**
（見ることは信じること→百聞は一見にしかず。［ことわざ]）

 意味順で理解しよう!

❶ 昨日、ジョンはカラオケを歌うのを楽しんだ。

だれが	する（です）	だれ・なに	どこ	いつ
ジョンは John	楽しんだ enjoyed	カラオケを歌うこと singing karaoke		昨日 yesterday.

❷ 私の父はコンピューターゲームをするのが好きではない。

だれが	する（です）	だれ・なに	どこ	いつ
私の父は My father	好きではない doesn't like	コンピューターゲームをすること playing computer games.		

❸ 見ることは信じること→百聞は一見にしかず。［ことわざ]

だれが	する（です）	だれ・なに	どこ	いつ
見ることは Seeing	（です） is	信じること believing.		

━━━ 意 味 順 メ モ ━━━

名詞の働きをする動詞の-ing形を動名詞と呼び、「〜すること」の意味を表す。動名詞は だれが ボックスや だれ・なに ボックスに置く。

🔊 54

ジョン： It smells good. What are you cooking?

ホストマザー： I'm making a pizza.

❶料理をすることが大好きなの。

ジョン： Do you have any other hobbies?

ホストマザー： ❷ハイキングが好きよ。

Oh! The pizza is ready.

❸あなたは料理をすることが好きなの？

(日本語訳)

いいにおいですね。何を
料理しているのですか？

ピザをつくっているのよ。

ほかに趣味はあります
か？

あら！　ピザができたわ。

❶ 料理をすることが大好きなの。

	だれが	する(です)	だれ・なに	どこ	いつ
日本語 ▶	（私は）	大好き	料理をすること		
英語 ▶					

❷ ハイキングが好きよ。

	だれが	する(です)	だれ・なに	どこ	いつ
日本語 ▶	（私は）	好き	ハイキングをすること		
英語 ▶					

❸ あなたは料理をすることが好きなの？

玉手箱	だれが	する(です)	だれ・なに	どこ	いつ
日本語 ▶					
英語 ▶					

PART **3**

Lesson **27**

動名詞

動詞を-ing形や過去分詞形にして形容詞の働きをさせる

分詞

Point

だれが	する（です）	だれ・なに	どこ	いつ
Who	is	the girl <u>playing the piano?</u>		

動詞の形を変えて形容詞のように使うのが分詞だよ

● 動名詞と分詞の違い

　Lesson 27で学んだ動名詞は、動詞を-ing形にすることで、名詞の働きをするものでしたが、動詞を-ing形にすることで形容詞の働きをさせることもできます。形容詞の働きをする動詞の-ing形のことを分詞と呼びます。また、形容詞の働きをする動詞の過去分詞形も分詞と呼びます。

動詞の形	働き	名称	意味
動詞の-ing形	名詞の働き	動名詞	～すること
	形容詞の働き	分詞	～している（名詞）
動詞の過去分詞形	形容詞の働き	分詞	～される［た］（名詞）

　また、分詞は1語で名詞を修飾するときは修飾する名詞の直前に置き、2語以上で名詞を修飾するときは修飾する名詞の直後に置くことが多いです。

　意味順では、分詞は だれが ボックスや だれ・なに ボックスに置きます。

だれが	する（です）	だれ・なに	どこ	いつ
眠っている赤ちゃんは The <u>sleeping</u> baby	です is	私の娘 my daughter.		

※sleeping 1語で名詞babyを修飾している

（眠っている赤ちゃんは私の娘です。）

Key Sentences

🔊))55

❶ Who is the girl playing the piano?
（ピアノを弾いている女の子はだれですか？）

❷ English is the language spoken in many countries.
（英語は多くの国で話されている言語です。）

❸ The picture painted by Naomi is wonderful.
（なおみによって描かれた絵はすばらしいです。）

 意味順で理解しよう！

❶ ピアノを弾いている女の子はだれですか？

だれが	する（です）	だれ・なに	どこ	いつ
だれ **Who**	ですか **is**	ピアノを弾いている女の子 **the girl playing the piano?**		

※playing the pianoの3語で名詞the girlを修飾している

❷ 英語は多くの国で話されている言語です。

だれが	する（です）	だれ・なに	どこ	いつ
英語は **English**	です **is**	多くの国で話されている言語 **the language spoken in many countries.**		

※spoken in many countriesの4語で名詞the languageを修飾している

❸ なおみによって描かれた絵はすばらしいです。

だれが	する（です）	だれ・なに	どこ	いつ
信子によって描かれた絵は **The picture painted by Naomi**	です **is**	すばらしい **wonderful.**		

※painted by Naomiの3語で名詞The pictureを修飾している

───── 意味順メモ ─────

形容詞の働きをする動詞の-ing形や過去分詞形のことを分詞と呼び、それぞれ「〜している（名詞）」「〜される［た］（名詞）」の意味を表す。分詞は だれが ボックスや だれ・なに ボックスに置く。

PART
3
Lesson
28
分詞

🔊 56

たけし：❶赤い花を持っている女の人はだれ？

ジョン：That's my teacher, Risa.

たけし：❷彼女が仕事を辞める人なの？

ジョン：Yes. She is going to get married.

たけし：❸あそこに座っている男の人が婚約者かい？

ジョン：No, he is my classmate, Phil.

日本語訳

あれは僕の先生のリサだよ。

そう。彼女は結婚するんだ。

いや、彼はクラスメイトのフィルだ。

❶ 赤い花を持っている女の人はだれ？

	だれが	する(です)	だれ・なに	どこ	いつ
日本語 ▶	だれ	（ですか）	赤い花を持っている女の人		
英語 ▶					

❷ 彼女が仕事を辞める人なの？

● 「仕事を辞める」 quit one's job

	玉手箱	だれが	する(です)	だれ・なに	どこ	いつ
日本語 ▶	（〜か？）	彼女が	です	仕事を辞める人		
英語 ▶						

❸ あそこに座っている男の人が婚約者かい？

● 「婚約者」 fiancé

	玉手箱	だれが	する(です)	だれ・なに	どこ	いつ
日本語 ▶						
英語 ▶						

※ 「あそこに座っている男の人が」を だれが ボックスに入れます。

「過去」と「現在」をつなげて話すときの表現

現在完了形

Point

だれが	する（です）	だれ・なに	どこ	いつ
I	have just heard	the news.		

過去と現在をつなげて話したいときは<have[has]＋過去分詞>を使うよ

● 時間軸で考える現在完了形のイメージ

過去 ―――――――――――― 現在 ┊ ―――――――――――→ 未来

＜ have[has] ＋ 過去分詞 ＞

● 現在完了形の3つの用法

＜ have[has] ＋過去分詞＞を現在完了形と呼び、①完了②経験③継続の３つの用法があります。

用法	意味	共によく使われる語（句）
完了	「〜したところだ」「〜してしまった」	just（ちょうど）、already（すでに）、yet（まだ、もう）など
経験	「（今までに）〜したことがある」	ever（今までに）、never（一度も〜ない）、twice（２度）など
継続	「ずっと〜している」	for（〜の間）、since（〜から）、How long ...?（どのくらいの間…）など

現在完了形の疑問文を作るときは、Have[Has]を 玉手箱 に置き、＜ Have[Has] ＋主語＋過去分詞 ...？＞の形にします。疑問文に対する答え方は、Yes, I have. / No, I haven't. や Yes, he has. / No, he hasn't. のように答えます。

● 過去形と現在完了形の違い

（1）I cleaned my room. ［過去形］ ･････････････････ 現在、部屋がきれいな状態であるかはわからない
（2）I have cleaned my room. ［現在完了形］ ･････ 現在も部屋がきれいな状態であることを含む

（1）の文でわかるように、過去形はあくまで過去のことしか表すことができません。一方、（2）の文からわかるように、現在完了形は過去と現在をつないで表すことができるのです。

🔑 Key Sentences

🔊 57

❶ I have just heard the news.

（ちょうどその知らせを聞いたところです。）［完了］

❷ I have never seen a UFO.

（一度もUFOを見たことがない。）［経験］

❸ He has lived in this city since 2002.

（彼は2002年からずっとこの町に住んでいます。）［継続］

 意味順で理解しよう！

❶ ちょうどその知らせを聞いたところです。

だれが	する（です）	だれ・なに	どこ	いつ
（私は） I	ちょうど聞いたところです have just heard	その知らせを the news.		

❷ 一度もUFOを見たことがない。

だれが	する（です）	だれ・なに	どこ	いつ
（私は） I	一度も見たことがない have never seen	UFOを a UFO.		

❸ 彼は2002年からずっとこの町に住んでいます。

だれが	する（です）	だれ・なに	どこ	いつ
彼は He	ずっと住んでいます has lived		この町に in this city	2002年から since 2002.

意 味 順 メ モ

現在完了形は①完了②経験③継続の３つの用法があり、＜have[has]＋過去分詞＞を する（です） ボックスに置く。

▶解答はP.153へ

ドリルに
挑戦！

🔊 58

ジョン：Naomi, let's go to a movie.

なおみ：Good timing!

　❶ちょうど英語の宿題が終わったところなの。

ジョン：Good. I want to go to the movie theater in front of my school.

なおみ：That old one? ❷1960年からずっとあるわよ。

ジョン：What is it like inside?

なおみ：❸中を一度も見たことがないわ。

（日本語訳）

なおみ、映画に行こうよ。

いいタイミング！

よかった。学校の前の映画館に行きたいんだ。

あの古い映画館？

中はどんな感じ？

❶ ちょうど英語の宿題が終わったところなの。

	だれが	**する**（です）	だれ・なに	どこ	いつ
日本語▶	（私は）	ちょうど終わった	（私の）英語の宿題が		
英語▶					

❷ 1960年からずっとあるわよ。

	だれが	**する**（です）	だれ・なに	どこ	いつ
日本語▶	（それは）	ずっとある		（あそこに）	1960年から
英語▶					

❸ 中を一度も見たことがないわ。

- 「中を」 the inside

	だれが	**する**（です）	だれ・なに	どこ	いつ
日本語▶					
英語▶					

Lesson

30

現在完了形（継続）との違いに注意

現在完了進行形

Point

だれが	する（です）	だれ・なに	どこ	いつ
I	have been watching	TV		for three hours.

現在完了進行形<have[has]+been+-ing>は「継続」の意味になるよ

● **現在完了形と現在完了進行形の違い** --

現在完了形と現在完了進行形の違いは、「形式の違い」と「意味の違い」の2つがあります。

	形式	意味
現在完了形	＜have［has］＋過去分詞＞	「完了」、「経験」、「継続」
現在完了進行形	＜have［has］＋been＋-ing＞	「継続」の意味しかない

共通点は、両方とも「継続」を表すことです。「継続」を表現したいときには、以下のように使用する動詞が「状態動詞」であるのか、「動作動詞」であるのかによって使い分けます。

現在完了形 ― 状態動詞（イチニノサンでやめることができない動詞）
現在完了進行形 ― 動作動詞（イチニノサンでやめることができる動詞）

現在完了形

I **have lived** in Kyoto for ten years.（私は10年間京都に住んでいる。）
※「**住んでいる**」は、イチニノサンでやめることができません。⇒状態動詞

現在完了進行形

I **have been cleaning** my room since last night.（私は昨夜からずっと部屋を掃除している。）
※「**掃除をする**」は、イチニノサンでやめることができます。⇒動作動詞

Key Sentences

◀))59

❶ I have been watching TV for three hours.
（私は3時間テレビを見ています。）

❷ She has been playing the guitar in her room for five hours.
（彼女は彼女の部屋で5時間ギターを弾いています。）

❸ How long has John been listening to music?
（どのくらいジョンは音楽を聴いているのですか？）

 意味順で理解しよう！

❶ 私は3時間テレビを見ています。

だれが	する（です）	だれ・なに	どこ	いつ
私は I	（ずっと）見ています have been watching	テレビを TV		3時間 for three hours.

❷ 彼女は彼女の部屋で5時間ギターを弾いています。

だれが	する（です）	だれ・なに	どこ	いつ
彼女は She	（ずっと）弾いています has been playing	ギターを the guitar	彼女の部屋で in her room	5時間 for five hours.

❸ どのくらいジョンは音楽を聴いているのですか？

玉手箱	だれが	する（です）	だれ・なに	どこ	いつ
どのくらい〜か？ How long has	ジョンは John	（ずっと）聴いている ◀ been listening to	音楽を music?		

意味順メモ

現在完了形と現在完了進行形の使い分けは、「状態動詞」と「動作動詞」がポイントとなる。

PART
3

Lesson
30

現在完了進行形

🔊 60

ジョン：**Why is your English so good?**

ホストマザー：❶長年英語を勉強してきたのよ。

ジョン：**I see, but haven't all Japanese people studied English for a long time? What is your secret?**

ホストマザー：**Well actually,** ❷ここ2年間は意味順を使ってきたわ。

ジョン：**IMIJUN? That is amazing!**

ホストマザー：❸あなたはどのくらい日本語を勉強してきたの？

日本語訳

なぜあなたは英語が上手なんですか？

なるほど、でも日本人全員が長い間英語を勉強してきたのではないですか？　秘訣は何ですか？

ええと確かに、

意味順？　それはすごいですね！

❶ 長年英語を勉強してきたのよ。

	だれが	する（です）	だれ・なに	どこ	いつ
日本語 ▶	（私は）	勉強してきた	英語を		長年
英語 ▶					

❷ ここ2年間は意味順を使ってきたわ。

- 「ここ2年」 the last two years

	だれが	する（です）	だれ・なに	どこ	いつ
日本語 ▶	（私は）	使ってきた	意味順を		ここ2年間は
英語 ▶					

❸ あなたはどのくらい日本語を勉強してきたの？

	玉手箱	だれが	する（です）	だれ・なに	どこ	いつ
日本語 ▶						
英語 ▶						

「どんな人」「どんなもの」を1文で説明する表現❶

関係代名詞（主格）

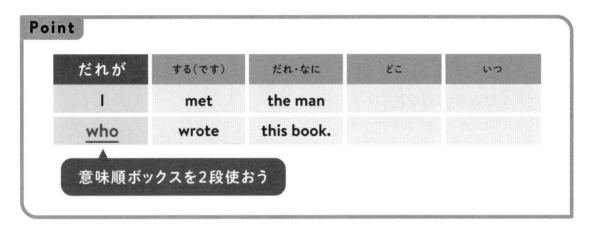

Point

だれが	する（です）	だれ・なに	どこ	いつ
I	met	the man		
<u>who</u>	wrote	this book.		

意味順ボックスを2段使おう

　関係代名詞は、名詞を後ろから文の形で説明するときに使います。関係代名詞の who は「人」を後ろから修飾し、関係代名詞の which は「ものや動物」を後ろから修飾します。また、修飾される名詞のことを「先行詞」と呼びます。※ who や which の代わりに that を使うこともできます。

● 日本語と英語では修飾する方向が違う

| 日本語 | 京都に住んでいる | 友達 | | 英語 | a friend | who lives in Kyoto |

前から後ろ　　　　　　　　　　　　　　　　　　　　後ろから前

だれが	する（です）	だれ・なに	どこ	いつ
私は	持っています	友人を		
（その友人は）	住んでいます		京都に	
I	have	a friend		
<u>who</u>	lives		in Kyoto.	

→　I have a friend [**who** lives in Kyoto].

（私には京都に住んでいる友人がいます。）

　2段目の だれが ボックスに置かれる who や which を主格の関係代名詞と呼びます。

Key Sentences

◀))61

❶ I met the man who wrote this book.
（この本を書いた男性に会いました。）

❷ This is the train which goes to Fukuoka.
（これは、福岡に行く列車です。）

 意味順で理解しよう！

❶ この本を書いた男性に会いました。

だれが	する（です）	だれ・なに	どこ	いつ
（私は）	会いました	男性に		
（その男性は）	書いた	この本を		
I	met	the man		
who	wrote	this book.		

※write（書く）の過去形

❷ これは、福岡に行く列車です。

だれが	する（です）	だれ・なに	どこ	いつ
これは	です	列車		
（その列車は）	行く		福岡に	
This	is	the train		
which	goes		to Fukuoka.	

※whichもwhoと同じように だれが ボックスに置くことができます。

意 味 順 メ モ

主格の関係代名詞whoとwhichは「〜は」や「〜が」の意味を表し、2段目の だれが ボックスに置く。
whoは「人」を後ろから修飾し、whichは「ものや動物」を後ろから修飾する。

ドリルに挑戦！

▶解答はP.153へ

🔊 62

ジョン： I found this letter in my pocket, but I don't know who it's from!

たけし： ❶その手紙を書いた女の子を知っているよ。

ジョン： Really? Who?

たけし： ❷毎朝、電車で君にほほえむ女の子だよ。

ジョン： I thought she was smiling at you!

たけし： No.
It was me* that was smiling at her.

＊文法的にはIが正しいとされていますが、口語ではふつうmeを使います。

（日本語訳）

この手紙をポケットから見つけたんだけど、だれからだかわからないんだ。

本当に？　だれ？

彼女は君にほほえんでると思ってたよ！

違うよ。
彼女にほほえんでいたのは僕だったんだよ。

❶ その手紙を書いた女の子を知っているよ。

	だれが	する(です)	だれ・なに	どこ	いつ
日本語 ▶	（私は）	知っている	女の子を		
	（その女の子は）	書いた	その手紙を		
英語 ▶					

❷ 毎朝、電車で君にほほえむ女の子だよ。
- 「〜にほほえむ」smile at 〜

	だれが	する(です)	だれ・なに	どこ	いつ
日本語 ▶					
英語 ▶					

32

「どんな人」「どんなもの」を1文で説明する表現❷

関係代名詞（目的格）

Point

玉手箱	だれが	する（です）	だれ・なに	どこ	いつ
	I	use	the pen		
which（＝the pen）	my father	gave	me← (the pen)		ten years ago.

目的格の関係代名詞は 玉手箱 に置こう

● 関係代名詞のまとめ

　Lesson31では、「〜は」や「〜が」を表す主格の関係代名詞whoとwhichを学びました。このレッスンでは「〜を」や「〜に」を表す目的格の関係代名詞whomとwhichを学びます。whomは「人」を後ろから修飾し、whichは「ものや動物」を後ろから修飾する点では主格の関係代名詞と同じです。

※目的格のwhomやwhichの代わりにthatを使うこともできます。

関係代名詞の種類	使う場所	名称
who / which	だれが ボックス	主格の関係代名詞
whom / which	玉手箱	目的格の関係代名詞

　上記Pointの文を1行で示すと、

I use the pen [which my father gave me ten years ago].

（父が10年前に私にくれたペンを使っている。）

という文になります。この文ではwhich以下が後ろからthe penを修飾しています。

Key Sentences

🔊)) 63

❶ I use the pen which my father gave me ten years ago.
（父が10年前に私にくれたペンを使っている。）

❷ Risa is the woman whom we met by the gate.
（リサは私たちが門のそばで会った女性です。）

 意味順で理解しよう！

❶ 父が10年前に私にくれたペンを使っている。

玉手箱	だれが	する（です）	だれ・なに	どこ	いつ
	私は	使っている	ペンを		
（そのペンを）	私の父は	与えた	私に←（ペンを）		10年前
	I	**use**	**the pen**		
which（=the pen）	**my father**	**gave**	**me**◀（the pen）		**ten years ago.**

❷ リサは私たちが門のそばで会った女性です。

玉手箱	だれが	する（です）	だれ・なに	どこ	いつ
	リサは	です	女性		
（その女性に）	私たちは	会った	←（その女性に）	門のそばで	
	Risa	**is**	**the woman**		
whom（=the woman）	**we**	**met**	◀（the woman）	**by the gate.**	

※「〜のそばで」を表すby

PART
3

Lesson
32

関係代名詞（目的格）

意 味 順 メ モ

目的格の関係代名詞whomとwhichは「〜を」や「〜に」を表し、2段目の **玉手箱** に置く。whom
は「人」を後ろから修飾し、whichは「ものや動物」を後ろから修飾する。

> I can't believe that
> I'm leaving.

> ❷これが君が予約した
> 便だよ。

🔊 64

ホストマザー： ❶あれがあなたが乗る飛行機ですか？

ジョン： Yes, I think so.
I can't believe that I'm going to leave.

たけし： ❷これが君が予約した便だよ。

なおみ： Goodbye John.
I'm going to miss you!

（日本語訳）

はい、そうだと思います。
出発するなんて信じられ
ないよ。

じゃあね、ジョン。
寂しくなるわ！

❶ あれがあなたが乗る飛行機ですか？

● 「〜に乗る」get on 〜

玉手箱	だれが	する（です）	だれ・なに	どこ	いつ
〜か？	あれが	（です）	飛行機		
（その飛行機に）	あなたが	乗る			

日本語 ▶ / 英語 ▶

❷ これが君が予約した便だよ。

● 「便」flight 「予約する」book

玉手箱	だれが	する（です）	だれ・なに	どこ	いつ

日本語 ▶ / 英語 ▶

(33) 仮定法

現実の事実に反する仮定を表す

Point

玉手箱	だれが	する（です）	だれ・なに	どこ	いつ
<u>If</u>	I	<u>had</u>	a lot of money,		
	I	<u>would live</u>		in Italy.	

仮定法では、would / could / mightを使うよ

● 仮定法とは？ --

仮定法とは、話し手が「現実の事実に反すること」を仮定して述べる文のことです。

＜仮定法の作り方＞

If S ＋過去形 ～, S ＋ would / could / might ＋動詞の原形 ～.

ポイントは If を先頭とした前半部分の動詞が過去形であることと、後半部分に would / could / might を使用するということです。

※「過去形」にbe動詞がくるときは、主語が I やHeなどであってもwereを使います。

くだけた場面での会話などでは、wasが使われることもあります。

玉手箱	だれが	する（です）	だれ・なに	どこ	いつ
<u>If</u>	I	<u>had</u>	time,		
	I	<u>would help</u>	you.		

（もし私に時間があれば、あなたを手伝うだろうに。）

もし上の文を以下のように書けば、仮定ではなく、現実に起こりえることを表します。

If I **have** time, I **will** help you.（もし私に時間があれば、あなたを手伝うだろう。）

Key Sentences

🔊 65

❶ If I had a lot of money, I would live in Italy.
（もし私がたくさんのお金を持っているなら、私はイタリアに住むだろうに。）

❷ If I were very rich, I could buy a big house.
（もし私がとても裕福なら、私は大きな家を買うことができるだろうに。）

意味順で理解しよう！

❶ もし私がたくさんのお金を持っているなら、私はイタリアに住むだろうに。

玉手箱	だれが	する（です）	だれ・なに	どこ	いつ
もし〜なら	私が	持っている	たくさんのお金を		
	私は	住むだろうに		イタリアに	
If	I	had	a lot of money,		
	I	would live		in Italy.	

❷ もし私がとても裕福なら、私は大きな家を買うことができるだろうに。

玉手箱	だれが	する（です）	だれ・なに	どこ	いつ
もし〜なら	私が	（である）	とても裕福		
	私は	買うことができる だろうに	大きな家を		
If	I	were	very rich,		
	I	could buy	a big house.		

意味順メモ

仮定法では、would / could / mightを使い、if節のbe動詞の過去形は主語に関係なくふつう wereを使う。

Are you traveling
back to America?

❶もしできたら、私は
アメリカに住みますよ。

🔊 66

ジョン：Oh, hello. Don't I know you?

堀：Yes, I sat next to you a few weeks ago.

ジョン：Are you traveling back to America?

堀：Yes. ❶もしできたら、私はアメリカに住みますよ。

ジョン：Oh, why don't you?

堀：❷もし私が宝くじに当たったら、ロサンゼルスに大きな家を買います。

ジョン：I hope you will win it some day!

（日本語訳）

わあ、こんにちは。あなたのことを私は知っていませんか？
はい、数週間前にあなたの隣の席に座りました。
アメリカに帰るのですか？

はい。

してみてはどうですか？

いつか実現することを祈っています！

❶ もしできたら、私はアメリカに住みますよ。

玉手箱	だれが	する（です）	だれ・なに	どこ	いつ
もし〜なら	（私が）	できる			
	私は	住みます		アメリカに	

日本語 ▶

英語 ▶

❷ もし私が宝くじに当たったら、ロサンゼルスに大きな家を買います。
- 「宝くじに当たる」win the lottery　「ロサンゼルス」Los Angeles

玉手箱	だれが	する（です）	だれ・なに	どこ	いつ

日本語 ▶

英語 ▶

▶解答はP.158へ

Ⅰ 日本語に合うように □ 内に適切な語を入れて、英文を作りましょう。

（**1**）私は電車の中で読む本がほしい。（Lesson24）

I want a book _____ _____ on the train.

（**2**）早起きは健康によい。（Lesson27）

_____ _____ early is good for the health.

（**3**）私はそのマンガを4時間読んでいます。（Lesson30）

I have _____ _____ the manga for four hours.

（**4**）私たちが昨日会った女性は看護師です。（Lesson32）

The woman _____ we met yesterday is a nurse.

Ⅱ 日本語に合うように語（句）を並べ替えて、英文を作りましょう。
（文頭に来る語（句）も小文字で示されています）

（**1**）家族で誰が一番早起きですか？（Lesson23）
Who [in / up / family / earliest / gets / the / your] ?

Who _____ ?

（**2**）昨日、私たちはテニスを楽しんだ。（Lesson27）
[yesterday / we / playing / enjoyed / tennis] .

_____ .

（**3**）ドイツ語を話している男の人は私の先生です。（Lesson28）
[is / speaking / the man / teacher / German / my] .

_____ .

（**4**）私には沖縄に住んでいる祖父がいる。（Lesson31）
[who / a grandfather / have / in / I / lives / Okinawa] .

_____ .

Ⅲ 日本語に合うように、英文を作りましょう。

（1）私はその本を借りるために図書館へ行った。（Lesson25）

I went to the library ☐ .

（2）一度もあなたの娘に会ったことがない。（Lesson29）

I have ☐ .

（3）私が先週あなたにあげた本を気に入っていますか？（Lesson32）

Do you like ☐ ?

（4）もし長い休暇を取れるなら、ハワイに行くだろうに。（Lesson33）

If I took a long vacation, ☐ .

Ⅳ 日本語を英語にしましょう。

（1）８月は日本で一番暑い月です。（Lesson23）

☐ .

（2）あなたに私と一緒に歌ってほしい。（Lesson26）

☐ .

（3）私はイタリア製のカバンを持っています。（Lesson28）

☐ .

（4）京都は長い歴史のある都市です。（Lesson31）

☐ .

		玉手箱	だれが	する（です）	だれ・なに	どこ	いつ
Lesson 1 (P014)	❶		私の名前は	です	堀		
			My name	is	Hori.		
	❷		私は	です	日本人		
			I	am	Japanese.		
	❸		日本語は	です	難しい言語		
			Japanese	is	a difficult language.		
Lesson 2 (P018)	❶	〜か？	あなたは	です	ジョン		
		Are	you	←	John?		
	❷		私は	ではありません	学生		
			I	am not	a student.		
	❸		（私は）	いません	怒って		
			I	am not	angry.		
Lesson 3 (P022)	❶	（〜か？）	彼女たちは	（です）	お姉さんたち		
		Are	they	←	your sisters?		
	❷	〜か？	（その人たちは）	（です）	（あなたの）叔母さん		
		Are	they	←	your aunts?		
	❸		あなたの家族は	です	とても大きい		
			Your family	is	very big.		
Lesson 4 (P026)	❶		僕は	買う	新しい車を		毎年
			I	buy	a new car		every year.
	❷		（僕の）父さんが	払う	（それを）		
			my father	pays for	it.		
	❸		彼は	言う			
			he	says			
		〜ということ	それが	（です）	最後の年		
		that	it	is	the last year.		
Lesson 5 (P030)	❶		（私は）	持っていません	運転免許証を		
			I	don't have	a driver's license.		
	❷	〜か？	（あなたたちは）	運転する		学校へアメリカでは	
		Do	you	drive		to school in America?	
	❸	〜か？	学校は	持っている	駐車場を		
		Do	schools	have	parking lots?		
Lesson 6 (P034)	❶		（それは）	だった	すばらしい		
			It	was	great.		
	❷		（私は）	いた		映画部に	大学では
			I	was		in the movie club	in university.
	❸		（あれは）	だった			だいぶ前
			That	was			a long time ago.
Lesson 7 (P038)	❶		（私は）	走った	雄牛と	スペインで	去年
			I	ran	with the bulls	in Spain	last year.
	❷		だれかが	救った	私を		
			someone	saved	me.		
	❸		彼は	立ち去った			あまりにも早く
			He	left			too soon.
Lesson 8 (P042)	❶	〜か？	（あなたは）	やりました	（あなたの）宿題を		
		Did	you	do	your homework?		
	❷		あなた（は）	やらなかった	（あなたの宿題を）		昨日も
			You	didn't do	your homework		yesterday either!
	❸	〜なかった（か）？	（あなたは）	行って	踊りに	町に	昨日の晩
		Didn't	you	go	dancing	in town	last night?
Lesson 9 (P046)	❶	どう（〜か）？	お昼ごはん	でした			今日
		How was	lunch	←			today?
	❷	何が（〜か）？	（あなたは）	欲しい			明日
		What do	you	want			tomorrow?
	❸	何を（〜か）？	（あなたは）	普段食べる			
		What do	you	usually eat?			

玉手箱	だれが	する（です）	だれ・なに	どこ	いつ
		入って		中に	
（そして）		待って			
		Go		inside	
and		wait.			
		買ってください	券を	カウンターで	
		Please buy	the tickets	at the counter.	
		ついてこないで	（私に）		
		Don't follow	me.		

Lesson 10 (P050) — ❶ ❷ ❸

玉手箱	だれが	する（です）	だれ・なに	どこ	いつ
なんてすばらしい映画	（あれは）	だったのでしょう！			
What a great movie	that	was!			
なんて難しい映画	（それは）	だったのでしょう！			
What a difficult movie	it	was!			
なんて教養のない男の子たち	あなたたちは	でしょう！			
What uncultured boys	you	are!			

Lesson 11 (P054) — ❶ ❷ ❸

玉手箱	だれが	する（です）	だれ・なに	どこ	いつ
〜か？	（あなたは）	浴びている	シャワーを		
are	you	taking	a shower?		
	たけしは	待っている		車（の中）で	
	Takeshi	is waiting		in the car.	
	（私の）パパとママ	も待っている			
	My dad and mom	are waiting, too.			

Lesson 12 (P060) — ❶ ❷ ❸

玉手箱	だれが	する（です）	だれ・なに	どこ	いつ
何を（〜か）？	（あなたは）	していた			
what were	you	doing?			
	私たちは	待っていた			長い間
	We	were waiting			for a long time.
〜か？	（あなたは）	使っていた	（冷たい）水を		
Were	you	using	cold water?		

Lesson 13 (P064) — ❶ ❷ ❸

玉手箱	だれが	する（です）	だれ・なに	どこ	いつ
〜か？	（あなたたちは）	行く		映画に	今夜
Will	you	go		to a movie	tonight?
	僕たちは	帰らない			遅くまで
	we	won't [will not] come back			until late.
	（僕は）	連れていく	ジョンを	カラオケに	
	I	will take	John	to karaoke.	

Lesson 14 (P068) — ❶ ❷ ❸

玉手箱	だれが	する（です）	だれ・なに	どこ	いつ
	（彼らは）	行くつもり		動物園に	
	They	are going to go		to the zoo.	
	あなたは	行かない		動物園に	
	you	aren't going to go		to the zoo.	
〜か？	（あなたは）	着るつもり	着物を		
Are	you	going to wear	a kimono?		

Lesson 15 (P072) — ❶ ❷ ❸

玉手箱	だれが	する（です）	だれ・なに	どこ	いつ
	私は	読めない	中国語を		
	I	can't read	Chinese.		
〜か？	あなたは	話せる	中国語を		
Can	you	speak	Chinese?		
〜か？	（私は）	見せる	（それを）お父さんに		
May [Can]	I	show	it to my father?		

Lesson 16 (P076) — ❶ ❷ ❸

玉手箱	だれが	する（です）	だれ・なに	どこ	いつ
	（あなたは）	ベッドで寝るべきよ			
	you	should go to bed.			
	（あなたは）	のむべきよ	少し薬を		
	You	should take	some medicine.		
	（あなたは）	計らなければいけない	（あなたの）体温を		
	you	must take	your temperature.		

Lesson 17 (P080) — ❶ ❷ ❸

玉手箱	だれが	する（です）	だれ・なに	どこ	いつ
	これは	描かれた	有名な画家によって		
	This	was painted	by a famous painter.		
	あれは	描かれていなかった	彼によって		
	That	was not painted	by him.		
	それは	描かれた	僕によって		
	It	was painted	by me.		

Lesson 18 (P084) — ❶ ❷ ❸

玉手箱	だれが	する（です）	だれ・なに	どこ	いつ
Lesson 19 (P088) ①					
	（私は）	好きじゃなかった	（それを）		
～のころ	（私が）	（だった）	子ども		
	I	didn't like	it		
when	I	was	a child.		
②					
	（僕は）	信じることができない			
～ということ	君が	食べることができる	納豆を		
	I	can't believe			
that	you	can eat	*natto.*		
Lesson 20 (P092) ①					
	ママが	言った	（私に）		
～ということ	私が	作るべきである	夕飯を		今夜
	Mom	told	me		
that	I	should cook	dinner		tonight.
②					
	あなた	言った	私に		
～ということ	自分は（＝あなた）	です	料理が下手		
	You	told	me		
that	you	are	a terrible cook.		
③					
	（あなた）	見せることができる	ママに		
～ということ	男の子は	料理ができる			
	you	can show	mom		
that	boys	can cook.			
Lesson 21 (P096) ①					
	あなたの犬は	です	同じくらい大きい		
～と（比べて）	馬が	（です）	（大きい）		
	Your dog	is	as big		
as	a horse	（is）	（big）.		
②					
	あなたのベッドは	に違いない	同じくらい大きい		
～と（比べて）	私の部屋が	（です）	（大きい）		
	Your bed	must be	as big		
as	my room	（is）	（big）.		
③					
	私の家は	ない	同じくらい広く		
～と（比べて）	あなたの家が	（です）	（広い）		
	My house	isn't	as large		
as	your house	（is）	（large）.		
Lesson 22 (P100) ①					
	（今日は）	です	だいぶ暑い		
～よりも					昨日
	Today	is	much hotter		
than					yesterday.
②					
～か？	君のふるさとは	です	（より）涼しい		
～よりも				ここ	
Is	your hometown	←	cooler		
than				here?	
③					
	日本は	かもしれない	（より）いい		
	Japan	may be	better.		
Lesson 23 (P106) ①					
	数学が	だった	一番かんたん		
	Math	was	the easiest.		
②	英語は	かった	一番難しい		
	English	was	the hardest [most difficult].		
③	英語は	です	一番興味深い教科		
	English	is	the most interesting subject.		
Lesson 24 (P110) ①					
	私の夢は	（です）	外国人と結婚すること		
	My dream	is	to marry a foreigner.		
②	私は	したい	住むこと	外国に	将来
	I	want	to live	abroad	in the future.
③	（私は）	したくない	あなたと話すこと		
	I	don't want	to talk with you.		

玉手箱	だれが	する（です）	だれ・なに	どこ	いつ	玉手箱　なぜ
Lesson 25 (P114) ①						
	（彼女は）	勉強する	英語を			結婚するために
	She	studies	English			to get married.
② ～か？	（あなたは）	勉強する	日本語を			彼女をつくるために
Do	you	study [learn]	Japanese			to get a girlfriend?
③	（あなたは）	言っている	それを			僕を笑わすために
	You	are saying	that			to make me laugh.

玉手箱		だれが	する（です）	だれ・なに	どこ	いつ
Lesson 26 P118	❶	(僕の)父さんが	頼んだ	僕に・(彼の)車を洗ってと		
		My father	asked	me to wash his car.		
	❷	～か? (あなたは)	ほしい	僕に・手伝う		
		Do you	want	me to help you.		
	❸	(彼は)	言った	(僕に)・やわらかいスポンジを使うように		
		He	told	me to use a soft sponge.		
Lesson 27 P122	❶	(私は)	大好き	料理をすること		
		I	love	cooking.		
	❷	(私は)	好き	ハイキングをすること		
		I	like	hiking.		
	❸	～か? あなたは	好き	料理をすること		
		Do you	like	cooking?		
Lesson 28 P126	❶	だれ	(ですか)	赤い花を持っている女の人		
		Who	is	the woman holding the red flowers?		
	❷	(～か?) 彼女が	です	仕事を辞める人		
		Is she	←	the person quitting her job?		
	❸	～か? あそこに座っている男の人が	(です)	(彼女の)婚約者		
		Is the man sitting there	←	her fiancé?		
Lesson 29 P130	❶	(私は)	ちょうど終わった	(私の)英語の宿題が		
		I	have just finished	my English homework.		
	❷	(それは)	ずっとある		(あそこに)	1960年から
		It	has been		there	since 1960.
	❸	(私は)	一度も見たことがない	中を		
		I	have never seen	the inside.		
Lesson 30 P134	❶	(私は)	勉強してきた	英語を		長年
		I	have been studying	English		for many years.
	❷	(私は)	使ってきた	意味順を		ここ2年間は
		I	have been using	IMIJUN		for the last two years.
	❸	どのくらい～か? あなたは	勉強してきた	日本語を		
		How long have you	been studying	Japanese?		
Lesson 31 P138	❶	(私は)	知っている	女の子を		
		(その女の子は)	書いた	その手紙を		
		I	know	the girl		
		who	wrote	that letter.		
	❷	(彼女は)	です	女の子		
		(その女の子は)	ほほえむ	君に	電車で	毎朝
		She	is	the girl		
		who	smiles	at you	on the train	every morning.
Lesson 32 P142	❶	～か? あれが	(です)	飛行機		
		(その飛行機に) あなたが	乗る			
		Is that	←	the plane		
		which you	are going to get on?			
	❷	これが	です	便		
		(その便を) 君が	予約した			
		This	is	the flight		
		which you	booked.			
Lesson 33 P146	❶	もし～なら (私が)	できる			
		私は	住みます		アメリカに	
		If I	could,			
		I	would live		in America.	
	❷	もし～なら 私が	当たる	宝くじに		
		(私は)	買います	大きな家を	ロサンゼルス	
		If I	won	the lottery,		
		I	would buy	a big house	in Los Angeles.	

Ⅰ 日本語に合うように　　　内に適切な語を入れて、英文を作りましょう。

（**1**）彼は私の親友の１人です。(Lesson1)

He | is | one of my best friends.

（**2**）トムと私は同じクラスです。(Lesson3)

Tom and I | are | in the same class.

（**3**）あなたは２日前にその会議に出席していましたか？(Lesson6)

| Were | you at the meeting two days ago?

（**4**）この食べ物はなんですか？(Lesson9)

| What | is this food?

Ⅱ 日本語に合うように語（句）を並べ替えて、英文を作りましょう。
（文頭に来る語も小文字で示されています）

（**1**）彼女たちはあの部屋にいますか?(Lesson3)
[in / they / room / are / that] ?

Are they in that room | ?

（**2**）私は彼女の誕生日に花をあげなかった。(Lesson8)
I [her / flowers / not / give / did / any] on her birthday.

I | did not give her any flowers | on her birthday.

（**3**）このあたりを歩いてはいけません。(Lesson10)
[here / don't / around / walk] .

Don't walk around here | .

（**4**）これはなんて美しい花なんでしょう。(Lesson11)
[this / a / what / flower / beautiful / is] !

What a beautiful flower this is | !

Ⅲ 日本語に合うように、英文を完成させましょう。

（1）姉は６時に起きて、７時に朝食を食べます。（Lesson4）

My sister ｜ gets [wakes] up ｜ at six and

｜ has [eats] breakfast ｜ at seven.

（2）この列車はこの駅に止まりません。（Lesson5）

This train ｜ doesn't stop at this station ｜ .

（3）昨日とても忙しかった。（Lesson6）

I ｜ was very busy yesterday ｜ .

（4）彼はなんて速く走るんでしょう！（Lesson11）

How ｜ fast he runs ｜ !

Ⅳ 日本語を英語にしましょう。

（1）私の父は庭にいません。（Lesson2）

｜ My father is not in the garden ｜ .

（2）母は朝６時に朝食を作ります。（Lesson4）

｜ My mother cooks [makes] breakfast at six in the morning ｜ .

（3）彼は家の前でカギを見つけた。（Lesson7）　▶「～の前で」in front of ～

｜ He found a key in front of his house ｜ .

（4）先週かぜをひきましたか？（Lesson8）　▶「かぜをひく」catch a cold

｜ Did you catch a cold last week ｜ ?

Ⅰ 日本語に合うように ☐ 内に適切な語を入れて、英文を作りましょう。

（1）何について彼らは話していたのですか？（Lesson13）

What were they 〔 talking 〕 about?

（2）私の弟は明日６時に起きないでしょう。（Lesson14）

My brother 〔 won't [will not] 〕 get up at six tomorrow.

（3）あなたは毎日運動すべきだ。（Lesson17）

You 〔 should 〕 do exercise every day.

（4）あなたは私の兄よりも年上ですか？（Lesson22）

Are you 〔 older 〕 than my brother?

Ⅱ 日本語に合うように語（句）を並べ替えて、英文を作りましょう。
（文頭に来る語も小文字で示されています）

（1）彼女は今、自分の部屋で勉強していません。（Lesson12）

[not / her room / in / is / studying / she] now.

〔 She is not studying in her room 〕 now.

（2）私はその映画を見るつもりだ。（Lesson15）

[am / watch / the movie / going / I / to] .

〔 I am going to watch the movie 〕 .

（3）どこでこの腕時計は作られましたか？（Lesson18）

[this / made / where / watch / was] ?

〔 Where was this watch made 〕 ?

（4）母は学生のころ、バレーボールをしていた。（Lesson19）

My mother [she / played / a student / when / volleyball / was] .

My mother 〔 played volleyball when she was a student 〕 .

Ⅲ 日本語に合うように、英文を完成させましょう。

（1）多くの生徒たちが図書館で本を読んでいます。（Lesson12）

Many students | are reading books in the library | .

（2）このケーキを食べてもよろしい。（Lesson16）

You | may［can］eat this cake | .

（3）今夜、宿題を終わらせなければなりません。（Lesson17）

I | must［have to］finish my homework | tonight.

（4）この国は日本ほど小さくない。（Lesson21）

This country | is not as small as Japan | .

Ⅳ 日本語を英語にしましょう。

（1）私は彼に電話番号を教えないつもりです。（Lesson15）

I'm not going to tell him my phone number | .

（2）カナダでは英語とフランス語が話されていますか？（Lesson18）

Are English and French spoken in Canada | ?

（3）彼らは私が入院していることを知らなかった。（Lesson19）

They didn't know that I was in hospital | .

（4）友達が私にそのドラマを見るべきだと言った。（Lesson20）

▶「そのドラマ」the drama

My friend told me that I should watch the drama | .

まとめドリル **3** >> 解 答

Ⅰ 日本語に合うように ☐ 内に適切な語を入れて、英文を作りましょう。

（**1**）私は電車の中で読む本がほしい。（Lesson24）

I want a book ┃ to ┃ ┃ read ┃ on the train.

（**2**）早起きは健康によい。（Lesson27）

┃ Getting ┃ ┃ up ┃ early is good for the health.

（**3**）私はそのマンガを4時間読んでいます。（Lesson30）

I have ┃ been ┃ ┃ reading ┃ the manga for four hours.

（**4**）私たちが昨日会った女性は看護師です。（Lesson32）

The woman ┃ whom ┃ we met yesterday is a nurse.

Ⅱ 日本語に合うように語（句）を並べ替えて、英文を作りましょう。
（文頭に来る語（句）も小文字で示されています）

（**1**）家族で誰が一番早起きですか？（Lesson23）
Who ［ in / up / family / earliest / gets / the / your ］?

Who ┃ gets up the earliest in your family ┃ ?

（**2**）昨日、私たちはテニスを楽しんだ。（Lesson27）
［ yesterday / we / playing / enjoyed / tennis ］.

┃ We enjoyed playing tennis yesterday ┃ .

（**3**）ドイツ語を話している男の人は私の先生です。（Lesson28）
［ is / speaking / the man / teacher / German / my ］.

┃ The man speaking German is my teacher ┃ .

（**4**）私には沖縄に住んでいる祖父がいる。（Lesson31）
［ who / a grandfather / have / in / I / lives / Okinawa ］.

┃ I have a grandfather who lives in Okinawa ┃ .

III 日本語に合うように、英文を完成させましょう。

（1）私はその本を借りるために図書館へ行った。(Lesson25)

I went to the library | to borrow the book | .

（2）一度もあなたの娘に会ったことがない。(Lesson29)

I have | never met [seen] your daughter | .

（3）私が先週あなたにあげた本を気に入っていますか？(Lesson32)

Do you like | the book（which [that]）I gave you last week | ?

（4）もし長い休暇を取れるなら、ハワイに行くだろうに。(Lesson33)

If I took a long vacation, | I would go to Hawaii | .

IV 日本語を英語にしましょう。

（1）8月は日本で一番暑い月です。(Lesson23)

August is the hottest month in Japan | .

（2）あなたに私と一緒に歌ってほしい。(Lesson26)

I want you to sing with me | .

（3）私はイタリア製のカバンを持っています。(Lesson28)

I have a bag made in Italy | .

（4）京都は長い歴史のある都市です。(Lesson31)

Kyoto is a city which has a long history | .

装丁・デザイン／chichols
イラスト／堀江篤史
DTP／明昌堂
校正／鷗来堂
音声収録／ELEC

改訂版 「意味順」式で中学英語をやり直す本

2023年1月27日　初版発行

著者／佐々木 啓成
　　　フランチェスコ・ボルスタッド

監修／田地野 彰

発行者／山下 直久

発行／株式会社KADOKAWA
〒102-8177　東京都千代田区富士見2-13-3
電話　0570-002-301(ナビダイヤル)

印刷所／株式会社加藤文明社印刷所

●お問い合わせ
https://www.kadokawa.co.jp/ (「お問い合わせ」へお進みください)
※内容によっては、お答えできない場合があります。
※サポートは日本国内のみとさせていただきます。
※Japanese text only

定価はカバーに表示してあります。